Mit dem Fahrrad entlang der Sieg

Die 12 schönsten Touren zwischen Netphen und Mondorf

Manfred Theisen / Fritz Schnell
Hrsg.: Themendienst Köln

Titelabbildung: Die Siegmündung bei Mondorf (Foto: Fritz Schnell)

Bibliografische Information der Deutschen Bibliothek
Die Deutsche Bibliothek verzeichnet diese Publikation in der Deutschen Nationalbibliografie; detaillierte bibliografische Daten sind im Internet über http://dnb.d-nb.de abrufbar.

Hinweis:
Die Adressen und Angaben im Serviceteil des Buches wurden vom Autor sorgfältig recherchiert und vom Verlag geprüft. Wir bitten um Verständnis, dass Verlag und Autor keine Garantie für die Richtigkeit der Angaben übernehmen können. Für Korrekturhinweise sind wir sehr dankbar.

Abbildungsverzeichnis:
Alle Abbildungen Fritz Schnell
außer Bild S. 11: Stadt Netphen,
S. 14 oben: Rothaarsteigverein/K.-P. Kappest,
S. 14 unten: Verein Waldland Hohenroth

2. Auflage 2012

Einbandgestaltung: Heike Unger, Berlin
Idee, Layout, Satz: Themendienst, Köln
Lektorat: Kerstin Goldbach, Bergisch Gladbach
Druck: Grafisches Centrum Cuno, Calbe
Printed in Germany
ISBN 978-3-7616-2564-4
ISBN 978-3-7616-2620-7 PDF

Vorwort

Am schnellsten, am höchsten, am weitesten, aber am schönsten ist es häufig gleich um die Ecke, zumindest, wenn die Sieg einem dort zu Füßen liegt. Es gibt sicher noch ein paar andere Flecken in Deutschland, die ähnlich attraktiv sind, aber dieser Fluss und seine ihn umgebenden Täler und Hügel haben es wirklich in sich.
Mit diesem Radführer entführen wir Sie nicht nur zu einer landschaftlichen Perle, nicht nur zu touristischen und kulturellen Höhepunkten und Kleinodien, sondern wir bieten Ihnen gleichzeitig Touren für jeden Geschmack, die Sie auch an die weniger bekannten Highlights in Siegerland-Wittgenstein, im Westerwald und im Rhein-Sieg-Kreis bringen.
Damit Sie sich genau für die richtige Tour am richtigen Tag entscheiden, zeigen Streckenprofile, ob es mehr bergauf oder mehr bergab geht. Und im Text erfahren Sie, ob Sie für eine rasante Abfahrt besser die Bremsen vorher genau kontrollieren sollten, mit Ihren Kindern an einem Wildpark einen kurzen Stopp einlegen können oder Ihren Picknickkorb mitnehmen, um auch mal die Beine und die Seele baumeln zu lassen in diesem wunderbaren Siegtal.
Wir bieten Ihnen Einblicke in die Landschaft, die vielleicht Ihren Blick für die Natur und Kultur der Region schärft. Die Strecken sind verschieden lang und gut von „Nichtprofis" und Familien zu bewältigen. Steigungen haben wir möglichst vermieden und Touren zusammengestellt, die viel Sehenswertes entlang des Flusses und in der Umgebung bieten.
Aber auch wer es sportlicher möchte, wird die eine oder andere Strecke als Bereicherung in seinem Trainingsprogramm empfinden – es kommt halt auf die Fahrweise an. Selbst für den kleinen und den großen Hunger, den eine Radtour mit sich bringt, haben wir Gaststätten-Tipps eingestreut – oder einen Ort erwähnt, der zum Picknick oder zur Verschnaufpause einlädt. Rundumsorglos-Pakete gibt es nur bei Versicherungen für Pauschalreisen. Aber wer mit diesem Radführer unterwegs ist und einen Defekt hat, erfährt im Serviceteil, wo ihm geholfen wird. Auch wenn die nächste Werkstatt ein wenig weiter von der Strecke entfernt liegt, haben wir sie erwähnt.
Für jene, die abkürzen möchten, haben wir gleich einmal die Bahn- oder Buslinien mit aufgeführt. Jetzt liegt es nur noch an Ihnen, für welche Tour Sie sich am kommenden Wochenende entscheiden: Darf es eine Genussfahrt in den Auen, eine Wanderfahrt über die Höhen oder eine sportliche Tour auf glattem Asphalt sein?

Manfred Theisen

Inhalt

Einleitung

Über dieses Buch

Wir haben, um Ihnen die faszinierende Landschaft an der Sieg nahezubringen und damit Sie Ihre Fahrten genießen können, die Touren durch die Region sorgfältig ausgesucht. Dabei gingen wir von unserer Freude am Radfahren aus und folgten dem Wunsch nach Erholung, Genuss und körperlicher Betätigung in einem Paket.
Daraus ist ein Radführer entstanden, der natürlich sein Hauptaugenmerk auf die genaue Streckenführung legt – alle Touren haben wir mit einem GPS-Gerät abgefahren und die aufgezeichneten Tourdaten auf unsere Karten übertragen.
Dieser Radführer soll Familien gleichermaßen wie sportliche Fahrer und Genussradler zufriedenstellen. Deshalb haben wir nicht vergessen, dass Kultur, Essen und Trinken, Vergnügen und vor allem die Schönheit der Landschaften nicht zu kurz kommen.
Der Band enthält 12 Touren, die von der oberen Sieg (Quelle) bis zu ihrer Mündung verlaufen. Dabei führen sie links und rechts von ihr in die Mittelgebirgslandschaften Siegerland und Wittgensteiner Bergland, in den Westerwald und in den Rhein-Sieg-Kreis hinein. So erhalten Sie einen tiefen Eindruck von den verschiedenen Landschaftseinheiten der Region.

Sicher ist es teilweise nicht ganz einfach, diese Strecken zu fahren, denn im oberen und mittleren Teil der Sieg befinden wir uns in einer Mittelgebirgslandschaft und die Strecken sind hier nicht eben. Aber wir haben uns bemüht, die Strecken so zu legen, dass auch ungeübte Radler nicht die Freude an ihrem Hobby verlieren und das Maß zwischen körperlicher Beanspruchung und dem Genuss an landschaftlichen Schönheiten und touristischen Attraktionen ausgeglichen ist.

Zur Handhabung des Buches

Die einzelnen 12 Kapitel in diesem Band gliedern sich wie folgt: Zuerst kommt die bebilderte Tourbeschreibung, die Sie einstimmen soll auf die Besonderheiten der jeweiligen Tour und den Charakter der durchfahrenen Landschaft. Dann fügt sich die Tourkarte an, die Ihnen eine grafische Hilfe auf der Fahrt sein soll. Danach folgt eine tabellarisch genaue Auflistung Ihrer Strecke mit Abbiegepunkten, Weglängen und Vermerken zu den wichtigsten Besonderheiten. Diese haben wir so angelegt, dass Sie sich ohne zusätzlichen Text lesen zu müssen an ihr orientieren können. Es schließt sich ein Serviceteil

an, in dem wir die wichtigsten Sehenswürdigkeiten der durchfahrenen Orte und – ein nicht unwichtiges Detail – Fahrradhändlern und -werkstätten entlang der Strecken auflisten.

Sehenswürdigkeiten

Hier folgten wir Empfehlungen, haben aber auch das eine oder andere Schmankerl aus eigenem Erleben hinzugefügt. Sicher bieten die Gemeinden und Städte an der Sieg viel mehr Attraktionen und Sehenswürdigkeiten. Diese hier aufzuzählen würde den Rahmen sprengen und das Konzept, Ihnen einen gebrauchsfähigen Fahrradtourenführer an die Hand zu geben, verfehlen.

Essen, Trinken und Unterkünfte

In den von uns befahrenen Regionen ist das gastronomische Angebot groß und so haben wir nur Restaurants oder Gaststätten aufgeführt, in denen wir es uns auf unseren Fahrten haben gut gehen lassen. Dabei sprechen wir keine Qualitätsempfehlungen aus, denn die Geschmäcker sind verschieden. Von uns erhalten Sie also nur ein oder zwei Tipps pro Tour. Aber auf jeder Tour findet man dann doch immer wieder Neues – lassen Sie sich überraschen!
Am Ende des Buches haben wir einen Abschnitt den Unterkünften gewidmet und hier nur Bett & Bike-Betriebe aufgeführt, also solche, die vom ADFC als fahrradfreundliche Unterkünfte zertifiziert sind.

Fahrradhilfe

Bitte beachten Sie hier, dass wir nicht in jedem Ort einen Fahrradladen finden konnten, deshalb kann die nächste Hilfe manchmal einige Kilometer entfernt liegen.

GPS

Alle Touren haben wir mit dem GPS-Gerät aufgezeichnet und halten die Daten auf der Webseite des Bachem Verlages kostenlos unter www.bachem-verlag.de für Sie in den für die meisten Geräte lesbaren Formaten zum Herunterladen bereit. Dann können Sie die Tourdaten in Ihr GPS-Gerät laden und durch dieses geführt unsere Touren abfahren.

Traumhafter Blick auf die Sieg: Der Biergarten des Restaurants „Sieglinde" bei Hennef

Tour 1
Lützel - Obernautalsperre - Siegen

Postkartenmotiv: die Obernautalsperre

Vom ersten Bus zum „Mini-Beatles-Museum“

Der Traum eines jeden Radfahrers wird heute wahr: Endlich mal von oben anfangen und fast nur noch bergab fahren. Ja, Sie lesen richtig! Das ist kein Witz, denn der Ausgangspunkt der heutigen Tour ist der **Bahnhof Lützel** und damit sind wir ganz in der Nähe der **Siegquelle** – also ganz oben im Rothaargebirge. Damit es am Ende der 24-Kilometer-Strecke kein böses Erwachen gibt, haben die Siegerländer und Wittgensteiner die Rothaarbahn gebaut, in die wir einfach einsteigen und uns bequem wieder hochgondeln lassen

Frühjahr im Kommen: der Waldweg hinab zur Obernautalsperre

können. Klingt unsportlich, macht aber Spaß. Auf der ganzen Strecke bewältigen wir 500 Höhenmeter, also schauen Sie noch mal auf Ihre Bremsbeläge. Unser Weg führt über die **alte Eisenstraße**, die schon in vorgeschichtlicher Zeit die Menschen von der einen Seite des Rothaargebirges zur anderen brachte. Dabei durchqueren wir ein Waldgebiet und werden auf den Höhen immer wieder mit den Folgen des Orkans Kyrill konfrontiert, der im Januar 2007 in Europa wütete: Hier sind die Auswirkungen sichtbar, die allerdings auch ganz neue Aussichten geschaffen haben.
Nach fünf Kilometern Auf und Ab geht es nach rechts zum **Forsthaus Hohenroth**. Hier können wir uns für einen vier Kilometer langen Ausflug entlang der Eisenstraße zur Siegquelle entscheiden. Wer sich unter der Quelle etwas Großartiges vorstellt, wird enttäuscht, denn der Ursprung der Sieg ist eher unscheinbar. Faszinierend ist jedoch, dass aus so einem Rinnsal schon nach wenigen Kilometern ein richtiger Fluss wird, der eine ganze Landschaft prägt. Fahren wir hier noch 500 Meter weiter auf **Großenbach** zu, gelangen wir auf der Höhe zum **Landgasthof „Zur Siegquelle“**, einem gemütlichen Gasthaus mit

Übernachtungsmöglichkeit, von wo aus wir einen bemerkenswerten Weitblick über das Land genießen können.
Zurückgekehrt an die Weggabelung geht es tief in den Wald hinein und dann auf einem teils asphaltierten, teils geschotterten Wald-/Radweg steil hinunter zur **Obernautalsperre**, die der Trinkwasserversorgung dient. Übrigens sollten Sie Ihre Bremsen jetzt noch einmal kontrollieren, denn auf der folgenden 4,5 Kilometer langen Strecke überwinden wir einen Höhenunterschied von 300 Metern. Immer wieder schimmert durch den Wald die Oberfläche des Stausees, den wir an seiner nördlichen Spitze bald erreichen. Der neun Kilometer lange, gut ausgebaute und asphaltierte Rundweg um das beliebte Ausflugsziel herum, lädt uns zu einer genüsslichen Fahrt auf dem ebenen Gelände ein.
Wir radeln auf einer ruhigen als Radweg markierten Straße an **Brauersdorf** vorbei nach **Netphen** hinein, wo wir ruhig einmal Halt machen sollten, denn die Stadt hat neben ihrer wunderschönen dop-

Idyllischer Kern einer lebendigen Stadt: Netphen

Die Obernautalsperre

peltürmigen Kirche auch ein **Heimatmuseum** vorzuweisen, das eine besondere Attraktion beherbergt: Das Modell (Maßstab 1:12) des **„ersten Motoromnibusses der Welt"**, der am 18. März 1895 von der Netphener Omnibusgesellschaft auf der Linie Deuz-Netphen-Siegen eingesetzt wurde.

Nun können wir uns entscheiden: Sollten wir mit dem Auto nach Lützel angereist sein, fahren wir entweder von Netphen mit dem Bus zum Ausgangspunkt zurück, oder wir radeln noch zehn Kilometer weiter bis zum **Bahnhof Siegen-Weidenau** oder zum **Bahnhof Siegen** und nutzen die Chance uns ein wenig in der Universitätsstadt mit seinen beiden Schlössern umzuschauen: Neben einem gut sortierten **Museum für Gegenwartskunst** mit einer umfangreichen Sammlung des Fotografen-Ehepaars Becher – Bernd Becher (✝ Juni 2007) ist in Siegen geboren und aufgewachsen – und dem Siegerlandmuseum mit Originalgemälden des Barockmalers Peter Paul Rubens, der ebenfalls ein Sohn der Stadt war, beherbergt die Studentenstadt ein Juwel für Beatles-Fans. Das **Beatles-Museum** ist laut Guinness-Buch der Rekorde (Ausgabe 2000) mit seinen 27 Quadratmetern das kleinste öffentlich zugängliche Museum der Welt über die vier Musiker aus Liverpool. Trotz der Enge beinhaltet es mehr als 17.000 Tonträger, jede Menge Souvenirs, Filmplakate und Autogramme. Von Siegen geht es mit der **Rothaarbahn** zurück. Sollten wir mit der Bahn angereist sein, ist es egal, von welchem Punkt aus wir nach Hause oder aber zum Ausgangspunkt der nächsten Tour reisen.

Abendstimmung im Rothaargebirge

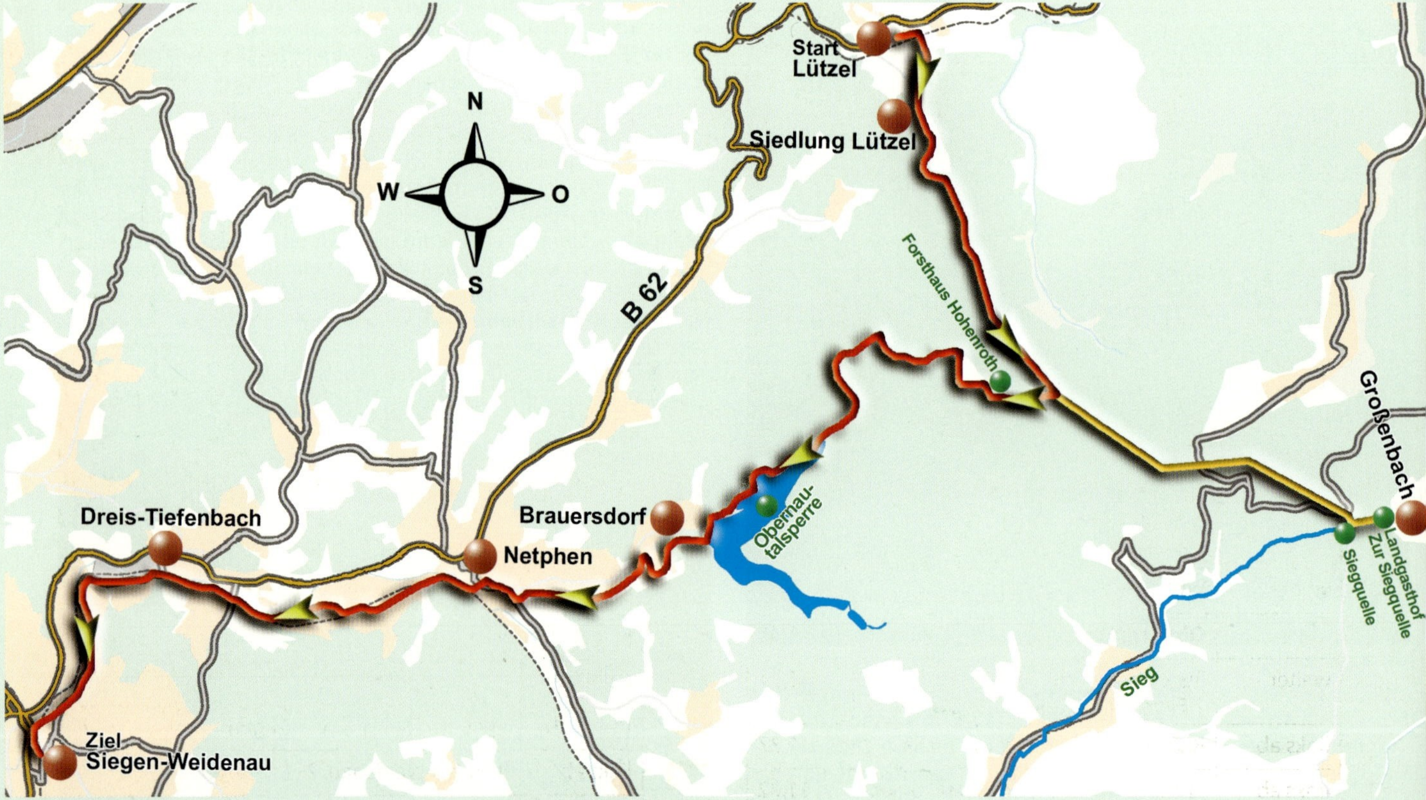

Start
Lützel
Siedlung Lützel
N
W
O
S
B 62
Forsthaus Hohenroth
Großenbach
Obernau-
talsperre
Brauersdorf
Dreis-Tiefenbach
Netphen
Landgasthof
Zur Siegquelle
Siegquelle
Sieg
Ziel
Siegen-Weidenau

Streckenführung

Legende: LWW = Landwirtschaftlicher Weg; R-/F = Rad- /Fußweg; WW = Waldweg

Start	**Bahnhof Lützel**	**0**
weiter	Hohler Weg, 234 m folgen	0,23
rechts ab	Am Weißen Stein, 890 m folgen	1,12
weiter	Eisenstr., 3,8 km folgen	4,92
links ab	WW, 500 m folgen	5,43
	Forsthaus Hohenroth	**5,43**
weiter	WW, 500 m folgen	5,68
rechts ab	WW, 160 m folgen	5,84
links ab	WW, 690 m folgen	6,53
links ab	WW, 40 m folgen nach 1. Einmündung 2. Weg nehmen	6,57
links ab	WW, 946 m folgen Weggabelung rechts liegen lassen	7,52
weiter	WW, 194 m folgen Weggabelung links liegen lassen	7,71
weiter	WW, 1,7 km folgen	9,41
	Obernautalsperre	**9,41**
weiter	Rundweg um den See, 1,9 km folgen, 1. Einmündung links liegen lassen	11,31
links ab	Rundweg um den See, 57 m folgen	11,37
links ab	Rundweg um den See, 350 m folgen	11,72
rechts ab	„Zur Talsperre", 500 m folgen	12,22

	Kapelle Brauersdorf	**12,22**
weiter	„Zur Talsperre", 795 m folgen	13,02
links ab	Netphener Weg/An der Obernau, 1,76 km folgen	14,78
rechts ab	Lahnstr., 440 m folgen	15,22
	Netphen	**15,22**
links ab	Amtsstr., 197 m folgen	15,41
rechts ab	Bahnhofstr., 285 m folgen	15,70
links ab	Oranienstr., 133 m folgen	15,83
links ab	Obere Industriestr., 983 m folgen	16,81
rechts ab	Köhlerweg, 460 m folgen	17,30
rechts ab	Köhlerweg, 837 m folgen	18,11
links ab	Untere Industriestr., 37 m folgen	18,15
	Siegen	**18,15**
rechts ab	Austr., 606 m folgen	18,75
halbrechts	Austr., 833 m folgen	19,60
halblinks	Siegstr., 2,6 km folgen	22,20
rechts ab	Auf den Hütten, 350 m folgen	22,54
links ab	Bahnhof Weidenau, 214 m folgen	22,75
Ziel	**Bahnhof Siegen/Weidenau**	**22,75**

Streckencharakter

Schwierigkeitsgrad: leicht
Zu Beginn moderate Steigung zwischen fünf und sieben Prozent; dann geht es nur noch bergab. Ab Forsthaus Hohenroth bis zur Obernautalsperre Wald- und Wanderweg, der erdig und geschottert ist.
Familientauglich; nicht für Rennräder geeignet.

Streckenprofil

Tourlänge:	22,8 km
Min. Höhe:	ca. 244 m
Max. Höhe:	ca. 654 m
Ges. Aufstieg:	ca. 277 m
Ges. Abstieg:	ca. 586 m
Fahrzeit:	ca. 100 Min.

Höhenprofil

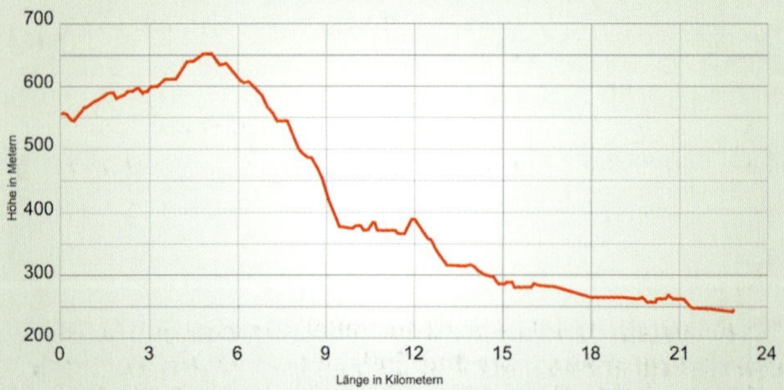

Der Weg zur Siegquelle

Am Abzweig zum **Forsthaus Hohenroth** fahren wir geradeaus weiter die Eisenstraße entlang; nach ca. 2,5 Kilometern macht sie eine Rechtskurve, in der eine kleine Straße einmündet. Wir lassen die Einmündung links liegen und folgen weitere 1,3 Kilometer der Eisenstraße bis zu einer Kreuzung. Wir überqueren die Kreuzung, folgen der Straße noch ca. 150 Meter und sehen dann zu unserer Linken ein wenig erhöht im Wald die eingemauerte Quelle liegen. Fahren wir nach links weiter in die Großenbacher Straße, erreichen wir nach weiteren 500 Metern den **Landgasthof „Zur Siegquelle"**.

Frisches Quellwasser für die Tour

Das Forsthaus Hohenroth

Serviceteil Tour 1

Zünftige Brotzeit ist angesagt: Die Aukopf-Hütte bei Großenbach gehört zum Landgasthof „Zur Siegquelle". Hier kommen wir vorbei: Kriegerdenkmal in Netphen

Tipp - Essen und Trinken

Großenbach

Landgasthof „Zur Siegquelle" mit Aukopf-Hütte
Großenbacher Str. 2, Tel.: 02754-83 21, Fax: 02754-37 90 86
E-Mail: info@landgasthof-zur-siegquelle.de,
www.landgasthof-zur-siegquelle.de
Preiswertes, urgemütliches Hotel-Restaurant.
In der Aukopf-Hütte haben wir uns zu einer kräftigen, schmackhaften Jause niedergelassen. Wir fanden es preiswert und gut.

Netphen

Café Waldland im Forsthaus Hohenroth,
Tel.: 02737-2 18 57 45, www.cafe-waldland.de
Öffnungszeiten: Fr., Sa., sonn- und feiertags von 14.00 bis 18.00 Uhr

Siegen

In Siegen finden Sie zahlreiche Einkehrmöglichkeiten,
weitere Informationen unter www.siegen.de, Tel.: 0271-404 13 16

Sehenswürdigkeiten

Die Eisenstraße mit den Quellen von Eder, Lahn und Sieg am Rothaarsteig

ist eine uralte Handels- oder Fernverkehrsstraße (auch andere Straßen solcher Art tragen den Namen Eisenstraße), die schon in vorgeschichtlicher Zeit die Menschen von der einen Seite der Berge des Rothaargebirges zur anderen brachte. Entlang der über den Kamm des Rothaargebirges verlaufenden Eisenstraße verläuft ein Teil der Rhein-Weser-Wasserscheide. Die größten Flüsse, die hier entspringen sind Eder, Lahn und Sieg.

Brauersdorf

Obernautalsperre [siehe Wegbeschreibung]
Die Obernautalsperre wurde von 1967 bis 1972 gebaut. Die Talsperre dient der Trinkwasserversorgung naher Ortschaften und dem Hochwasserschutz. Sie ist ein beliebtes Ausflugsziel. Um die Talsperre herum führt ein etwa 9,6 Kilometer langer Rundweg zum Wandern und Radfahren.

Netphen

Waldinformationszentrum Forsthaus Hohenroth
im Forstamt Hilchenbach, Leiterin: Christa Vitt-Lechtenberg
Tel.: 02737–21 78 60, Fax: 02737–21 78 61
E-Mail: wiz-hohenroth@wald-und-holz.nrw.de
www.waldland-hohenroth.de
Öffnungszeiten:
Mo. bis Fr. 10.00 bis 16.00 Uhr; Sa., sonn-und feiertags 14.00 bis 18.00 Uhr
Ständige Ausstellung:
„Lebensraum Wald – Natur-Biotop-Artenschutz im Wald".
Eine NABU-Ausstellung im Waldinformationszentrum Hohenroth.

Heimatmuseum Netpherland
Stadt Netphen, Kultur- und Verkehrsbüro, Lahnstr. 47
Tel.: 02738-60 31 11, Fax: 02738–60 31 93

Siegen

Beatles-Museum, Sohlbacher Str. 24
Tel.: 0271-890 97 70, E-Mail: harold.kraemer@cityweb.de,
www.the-beatles.de
Der Besuch des kleinsten Beatles-Museum der Welt ist nur nach Absprache möglich.

Museum für Gegenwartskunst Siegen, Unteres Schloss 1
Tel.: 0271- 405 77 10, Fax: 0271- 405 77 32, www.mgk-siegen.de
Das Museum zeigt Exponate – Malerei, Fotografie, Video und Installationen – zur Gegenwartskunst. Dauerhaft ist die Sammlung „Lembrecht-Schadeberg" zu besichtigen, die Werke aller Künstler zeigt, die seit 1955/1957 den Rubenspreis der Stadt Siegen erhielten.

Siegerlandmuseum mit Rubensgalerie, im Oberen Schloss, Burgstraße,
Tel.: 0271-23 04 10, Fax.: 0271-230 41 20,
E-Mail: siegerlandmuseum@siegen.de
Öffnungszeiten: Di. bis So. 10.00 bis 17.00 Uhr. Abweichende Sonderöffnungszeiten an Feiertagen
Eintritt: Erwachsene 3,50 €, Kinder 1,50 €, Familienkarte 6 €, Gruppen ab zehn Personen: Erwachsene 2,50 €, Kinder: 1 €
Aktivitäten: Sonderausstellungen, Vorträge, Filme zu Sammlungsbereichen, Bibliothek, Kaffeestube

Radservice

Netphen

Paul's Service Fahrräder & Zubehör,
Lahnstr. 8, Tel.: 02738–16 61, E-Mail: info@pauls-service.de
www.pauls-service.de

Dreis-Tiefenbach

Fahrrad Brüggemann, Martin-Luther-Str. 1-3 ,Tel.: 0271-7 63 90

Siegen

Bike Corner Siegen, Koblenzer Str. 61, Tel.: 0271-33 48 24,
Fax: 0271-33 50 59, E-Mail: BikeCorner@gmx.de

ExtraRad, Matthias Göbel, Auf den Hütten 20, Siegen-Weidenau
Tel.: 0271-7 23 87, E-Mail: info@extrarad-siegen.de

Fahrrad Feldmann GmbH, Leimbach Str. 10 ,Tel.: 0271 –5 45 27

Harald's Fahrradladen, Harald Kreyer, Gutenbergstr. 33a,
Tel.: 0271–80 05 30, E-Mail: haralds-fahrradladen@t-online.de

Zweiradcenter, Hermann Küchler, Juliusstr. 12, Tel.: 0271-5 45 29

Der Dorfteich in Feuersbach

Ein Wasserschloss und ein Eber im Wappen

Gehen wir es romantisch an und fahren gleich in **Hainchen** zur Burg. Wie haben Sie sich als Kind das Schloss von Dornröschen vorgestellt? Vermutlich wie die **Wasserburg Hainchen** – nur hat diese keine Dornen. Dafür aber ist sie von prachtvollen Bäumen umstanden. Um in guter Stimmung zu bleiben, fahren wir von Hainchen aus bergab Richtung **Werthenbach** und **Irmgarteichen**. Doch lange währt die Freude über das lockere Rollenlassen nicht, denn nach gut zwei Kilometern gilt es auf 1,3 Kilometern 80 Höhenmeter zu überwinden. Zunächst geht es noch moderat zu und wir haben den weißen Kirchturm von Irmgarteichen als Fixpunkt im Auge. Nach einem

Satter Blick über die Hochebene

knackigen kurzen Anstieg gelangen wir zur Ortsmitte. Dort sollten wir ein bisschen in dem schmuck herausgeputzten Ort mit seinen gerade mal 900 Einwohnern verweilen. Schließlich zählt er zu den schönsten Dörfern in ganz Nordrhein-Westfalen.
Und ein Tipp: Wer wenig geübt ist, der sollte ab jetzt besser den Drahtesel schieben. Hinter einer nicht einsehbaren Rechtskurve, in der wir den Ort verlassen, wartet die nächste Herausforderung auf uns: Es geht von hier aus über 700 Meter stramm bergan. Dafür gibt es aber am „Gipfel" einen herrlichen Blick auf den Ort, der hübsch in die grüne Hügellandschaft eingebettet ist.
Dann geht es auf dem sehr gut zu fahrenden Weg zehn Kilometer lang berab. Dabei wechselt der Straßenbelag zwischen Asphalt und Schotter. (Rennradfahrer sollten den Abschnitt meiden, da die Hochleistungsdrahtesel durch Steinschlag Kratzer im Lack bekommen oder sich in den Schlaglöchern womöglich die Hufe verbiegen könnten.)
Schon gleich nach dem Gipfel geht unser Weg in einen Waldweg über, der uns weichen Boden unter den Rädern beschert, bis wir ins nächste Tal hinunter auf den Ort **Gernsdorf** blicken. Genau hier macht die Straße einen steilen Knick nach unten. Wir genießen die auch ohne Treten immer schneller werdende Fahrt über den Asphalt. (Aber Achtung! Hier ist so manch ein Bauer mit seinem Trecker unterwegs. Und ab und an haben die coolen Farmer den iPod in der Tasche der Arbeitsjacke und den Stecker im Ohr und scheinen ein wenig von der Welt entrückt.)
In **Gernsdorf** schlängelt sich der teils geschotterte Weg hinter dem Ort an den letzten Häuserzeilen vorbei, bis wir nach dem Kreisverkehr in **Rudersdorf** auf eine Hauptstraße mit Radweg gelangen. Am Bichelbach entlang passieren wir **Anzhausen** und **Flammersbach**, um schließlich in **Niederdielfen** zu landen, wo schon 500 v. Chr. der „Urwald" die Holzkohle für die Verhüttung lieferte. Der Grubenort bietet interessante Sehenswürdigkeiten:
Am auffälligsten ist der 16 Meter hohe Förderturm, der an die 2500-jährige Geschichte des Bergbaus und die Eisenverhüttung erinnert. Wer ein wenig Glück hat, der darf die Wassermühle am Filsbachtälchen aus der ersten Hälfte des 18. Jahrhunderts in Aktion erleben und geöffnet ist sicher die 1684 erbaute Wallfahrtsstätte Eremitage, deren Klause zu den ältesten Fachwerkhäusern im Siegerland gehört.
Auf der nun folgenden L 719 heißt es Obacht: In einem Rechtsknick der Straße geht es kaum erkennbar nach links auf den Radweg, der uns ins wunderschöne Tal des **Feuersbachs** führt. Die Wiesen, der Bach, die Bäume

Kunst am restaurierten Bahnhof Deuz

Grün satt am Wegesrand

und die aufstrebenden Hügel im Hintergrund erinnern an den Schwarzwald. Wir ruhen uns ein wenig am Wegesrand aus, lassen unsere Beine baumeln, denn diese Werkzeuge brauchen wir bald, da uns in **Feuersbach** eine Steigung bevorsteht – kurz bevor wir den Wendepunkt der Tour erreichen: **Netphen**. Nicht ohne Grund trägt der Ort einen Eber im Wappen, denn schon in germanischen Zeiten mochten die Tiere die Wälder der Umgebung. Der „Ur-Netpher" hat damals bei einem sogenannten „Julfest" den Göttern einen Eber als Opfer dargebracht. Mit all dem Opferkult machte die Kirche Schluss und übrig blieb der Opferstock, der auch in der aus dem 13. Jahrhundert stammenden **Martinikirche** herumgereicht wird. Wir wenden uns wieder Richtung Hainchen über die L 729. Hier ist ein wenig Vorsicht geboten: Die Straße hat keinen Radweg. Für Familien empfiehlt es sich deshalb, diese Straße, wie auf Seite 23 beschrieben, zu umgehen.

Auf der L 729 geht es kurz vor Deuz nach rechts über eine Siegbrücke. Wir gelangen nach **Deuz** mit seinem restaurierten Bahnhof, der leider nicht geöffnet ist. So begnügen wir uns mit einem Blick auf die Sieg und gelangen auf einen schönen Radweg am Fluss entlang, der uns direkt nach **Salchendorf** hineinführt, von wo ein Rad- und Fußweg an einer ehemaligen Eisenbahntrasse entlang in Richtung **Helgersdorf** und **Irmgarteichen** weist.

Genau am Abbiegepunkt steht der „Backes" – das Backhaus des Ortes: Während wir ein frisch gebackenes Brot essen, hören wir den Leuten zu, die sich über dies und das unterhalten und uns fällt der Klang der Siegerländer Sprache auf. Er kommt tief und dunkel aus der Kehle und die „r´s" klingen so, als ob sich die Zunge beim Sprechen des Lautes nach oben bewegt, so dass er halbstumpf aber kräftig und ohne Flattern am Ende abklingt. Gut gestärkt fahren wir an der dahinplätschernden **Werthe** entlang nach **Werthenbach** und gelangen von dort über die Anfangsstrecke zurück nach **Hainchen**, wo vielleicht Dornröschen auf uns wartet.

Die Wasserburg Hainchen

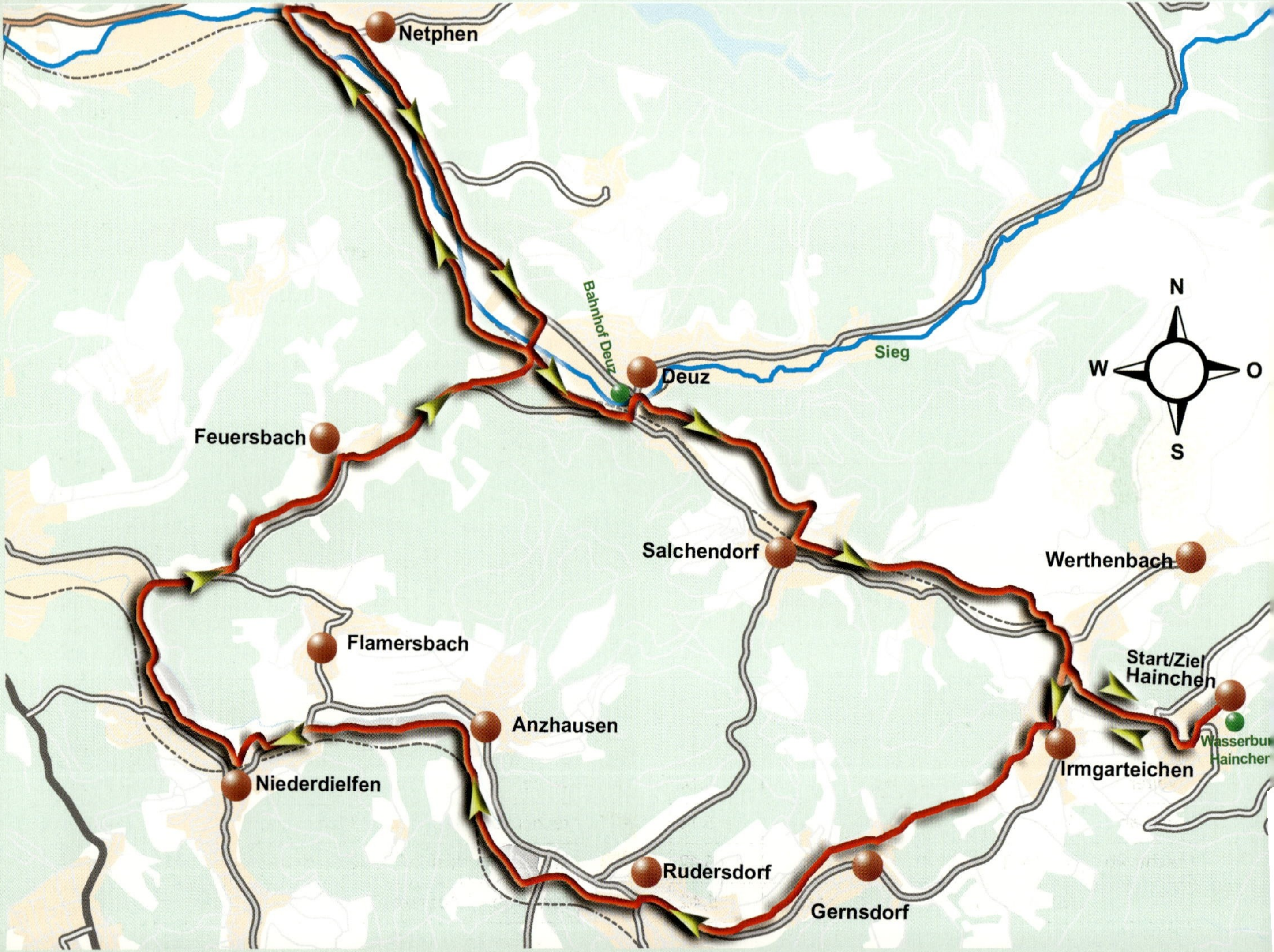

Netphen
Bahnhof Deuz
Deuz
Sieg
N
W
O
S
Feuersbach
Salchendorf
Werthenbach
Flamersbach
Start/Ziel
Hainchen
Anzhausen
Niederdielfen
Irmgarteichen
Rudersdorf
Gernsdorf

Streckenführung

Legende: LWW = Landwirtschaftlicher Weg; R-/F = Rad- /Fußweg; WW = Waldweg

Start	**Hainchen/Wanderparkplatz**	**0**
links ab	Richtung Hainchen, 360 m folgen	0,36
links ab	Wetzlarer Str., 1,7 km folgen	2,06
	Werthenbach	**2,06**
links ab	Koblenzer Str., 560 m folgen	2,62
	Irmgarteichen	**2,62**
rechts ab	kleine Str., 40 m folgen	2,66
rechts ab	kleine Str., 120 m folgen	2,78
links ab	kleine Str., 440 m folgen	3,22
	Einmündung links liegen lassen	**3,22**
weiter	kleine Str., 350 m folgen	3,57
	Kreuzung queren	**3,57**
weiter	kleine Str., 1,1 km folgen	4,67
	Gernsdorf	**4,67**
rechts ab	Hasenbergstr., 30 m folgen	4,70
links ab	Hasenbergstr., 310 m folgen	5,01
	Kreuzung queren	5,01
weiter	kleine Str., 130 m folgen	5,14
links ab	kleine Str., 20 m folgen	5,16
rechts ab	kleine Str., 260 m folgen	5,42
	Einmündung links liegen lassen	**5,42**

weiter	kleine Str., 1,0 km folgen	6,42
	Kreisverkehr, in 2. Str. einfahren	6,42
weiter	Dillenburger Str., 750 m folgen	7,17
	Rudersdorf	**7,17**
links ab	Dorfplatz, 70 m folgen	7,24
rechts ab	Wiesenstr., 500 m folgen	7,74
rechts ab	Wiesenstr., 650 m folgen	8,39
rechts ab	kleine Str., 1,2 km folgen	9,59
rechts ab	Am Bahnhof, 240 m folgen	9,83
	Anzhausen	**9,83**
rechts ab	kleine Str., 30 m folgen	9,86
links ab	Stahlstr., 770 m folgen	10,63
	Kreuzung queren	10,63
weiter	Stahlstr., 520 m folgen	11,15
halbrechts	Am Bahndamm, 250 m folgen	11,40
	Kreuzung queren	**11,40**
	Niederdielfen	**11,40**
weiter	Weißtalstr., 460 m folgen	11,86
rechts ab	kleine Str., 130 m folgen	11,99
links ab	kleine Str., 340 m folgen	12,33
rechts ab	Augraben, 530 m folgen	12,86

weiter	Industriestr., 380 m folgen	13,24
links ab	über Parkplatz, 50 m folgen	13,29
rechts ab	L 723 [teilw. R-/F], 1,2 km folgen	14,49
rechts ab	L 719 [ohne Radweg], 770 m folgen	15,26
links ab	LWW, 1,2 km folgen	16,46
	Feuersbach	**16,46**
weiter	Käner Str., 210 m folgen	16,67
links ab	Dammweg, 30 m folgen	16,70
rechts ab	Henkelwehr, 20 m folgen	16,72
rechts ab	Rinzenbergstr., 70 m folgen	16,79
rechts ab	Lüsbergstr., 20 m folgen	16,81
links ab	L 719 [ohne Radweg], 1,4 km folgen	18,21
links ab	kleine Str., 470 m folgen	18,68
weiter	Tannenstr., 200 m folgen	18,88
	Deuz/Ortsrand	**18,88**
links ab	Waldstr., 680 m folgen	19,56
rechts ab	LWW/WW, 3,4 km folgen	22,69
	Netphen/Siegbrücke	**22,69**
rechts ab	über Brücke, 50 m folgen	23,01
rechts ab	Oranienstr., 150 m folgen	23,16
links ab	Bahnhofstr., 10 m folgen	23,17

rechts ab	L 729 [ohne Radweg], 3,7 km folgen	26,87
rechts ab	LWW über Brücke, 330 m folgen	27,20
links ab	LWW/WW, 940 m folgen bis Ende	28,14
links ab	L 729 [ohne Radweg], 250 m folgen	28,39
	Deuz/Bahnhof	**28,39**
links ab	Albert-Irle-Str., 170 m folgen	28,56
rechts ab	Hinterm Wasser, 310 m folgen	28,87
halb links	auf LWW, 1,4 km folgen	30,27
	Salchendorf	**30,27**
weiter	Kirschbom, 620 m folgen	30,89
weiter	Albert-Klenner-Str., 130 m folgen	31,02
links ab	R-/F [Bahntrasse], 850 m folgen	31,87
links ab	auf kleine Str., 170 m folgen	32,04
halb links	ab Weggabelung LWW, 60 m folgen	32,10
rechts ab	LWW, 1,2 km folgen	33,30
rechts ab	LWW, 390 m folgen	33,69
links ab	L 729, 440 m folgen	34,13
	Werthenbach	**34,13**
links ab	Wetzlarer Str., 1,7 km folgen	35,83
links ab	zum Parkplatz, 360 m folgen	36,19
Ziel	**Hainchen/Wanderparkplatz**	**36,19**

Streckencharakter

Schwierigkeitsgrad: leicht bis mittelschwer
Die Tour führt meist über landwirtschaftliche Wege, Radwege und kleine Landstraßen. Wir empfehlen für Familien mit Kindern, wie im Text erwähnt, auf dem Wendepunkt der Tour in Netphen, nicht die L 729 zu fahren, sondern die ca. vier Kilometer des hinführenden Radweges zurück zu nehmen, um dann die eigentliche Route wieder aufzunehmen. Bis auf die anfängliche, etwas beschwerliche Steigung von Werthenbach nach Irmgarteichen sind die Anstiege moderat und auch für weniger trainierte Fahrer gut zu fahren. – Für Rennräder nicht geeignet.

Streckenprofil

Tourlänge:	36 km
Min. Höhe:	ca. 271 m
Max. Höhe:	ca. 458 m
Ges. Aufstieg:	ca. 615 m
Ges. Abstieg:	ca. 615 m
Fahrzeit:	ca. 150 Min.

Höhenprofil

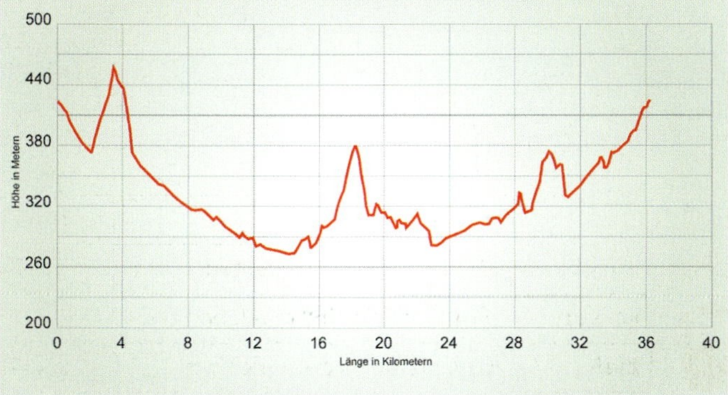

Umgehung der L 729

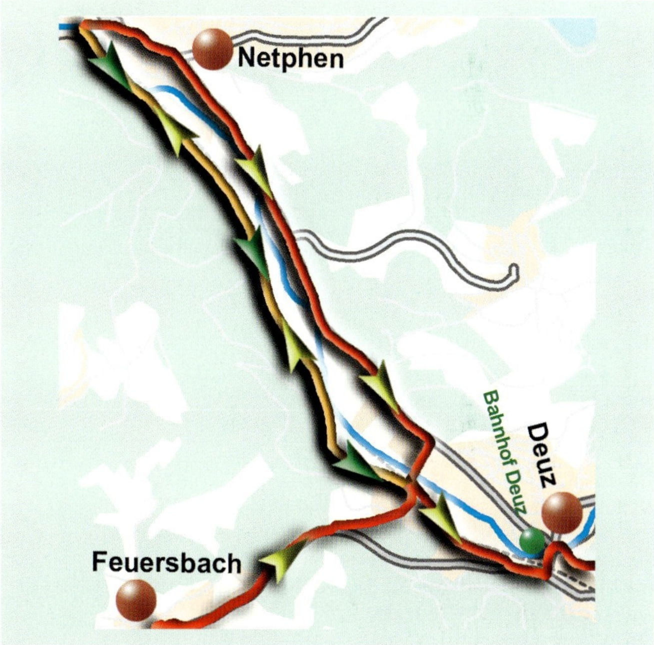

Für Ausflügler, die mit der Familie unterwegs sind oder solche, die nicht über verkehrsreiche Straßen radeln wollen, empfiehlt es sich, den hier gelb eingezeichneten Weg von Deuz nach Netphen sowohl auf der Hin- (gelbe Pfeile) als auch auf der Rückfahrt (grüne Pfeile) zu nehmen.
Kehren Sie also den Weg von Kilometer **18,88 (Deuz/Ortsrand)** bis Kilometer **22,69 (Netphen/Siegbrücke)** von Netphen aus einfach um und fahren dann auf der Grundroute Richtung Deuz/Bahnhof weiter. So sind Sie auf der sicheren Seite.

Serviceteil Tour 2

Von Rosen umrankt: die Burgremise von Schloß Hainchen. Umgebaut und mit Kunst versehen: der Bahnhof in Deuz

Tipp - Essen und Trinken

Deuz

Hotel-Restaurant Ewerts, Albert-Irle-Str. 5, Tel.: 02737-59 31 0, Fax: 02737-59 31 11, E-Mail: info@ewerts.de, www.ewerts.de
Restaurant mit mediterranem Flair

Gasthaus Klein, Marburger Str. 7, Tel.: 02737-59 33 0, Fax: 02737–59 33 11
www.gasthaus-klein-deuz.de
Öffnungszeiten: Mo. bis So. 11.00 bis 24.00 Uhr
Restaurant mit Biergarten zum Entspannen und Genießen

Werthenbach

Gasthof Pension Groos, Wetzlarer Str. 25, Tel.: 02737-9 10 71, Fax: 02737-9 70 30
E-Mail: info@gasthof-groos.de, www.gasthof-groos.de
Bei schönem Wetter lädt der Biergarten zum Verweilen ein. Wir fanden es angenehm dort bei guter Qualität und zu annehmbaren Preisen. Mit Unterstellmöglichkeiten für Fahrräder und Reparaturservice

Sehenswürdigkeiten

Deuz

Bahnhof Deuz, Feuersbacher Str./Ecke Albert-Irle-Str.
Ursprünglich war der Deuzer Bahnhof eine Haltestelle der Kleinbahn Weidenau-Deuz. Heute ist er eine Begegnungsstätte der Deuzer Bürger. Nach einer kompletten Renovierung wurde er von einem Förderverein übernommen, der jetzt für die Verwaltung und Erhaltung sorgt.

Hainchen

Wasserburg Hainchen, Schloßstr. 19, Tel.: 02737-98 62 54,
Fax: 02737-98 62 49,
E-Mail: wasserburg-hainchen@lebenshilfe-nrw.de, www.lebenshilfe-nrw.de
Die **Wasserburg Hainchen** wurde im Jahre 1290 erstmals urkundlich erwähnt. Die Adelsfamilie von Hain verkaufte die Höhenwasserburg im Jahre 1313 an den Grafen Heinrich von Nassau-Siegen. Heute dient die Burg der Erholung behinderter und pflegebedürftiger älterer Menschen sowie als kulturelle Begegnungsstätte und ist von einer 33.000 Quadratmeter großen Parkanlage umgeben.

Irmgarteichen

Heimatstube Oberes Johannland, Glockenstr. 19, Karl-Heinz Ley,
Tel.: 02737-95 13
Öffnungszeiten: jeden 1. So. im Monat von 14.00 bis 17.00 Uhr oder nach Anmeldung
Eintritt: frei
Die **Heimatstube Oberes Johannland** ist in den Räumen der alten katholischen Volksschule untergebracht und zeigt in einem Querschnitt verschiedener Zeitepochen ca. 3.000 Ausstellungsstücke aus dem Alltagsleben der Menschen in der Region. So sind beispielsweise eine Schusterwerkstatt, ein historischer Stammtisch einer Gaststätte und viele Exponate zur bäuerlichen Alltagskultur zu besichtigen.

Netphen

Heimatmuseum Netpherland, Lahnstr. 47 (gegenüber Rathaus),
Tel.: 02738-60 31 11, Fax: 02738–60 31 93
Öffnungszeiten: Di., Mi. und Fr. von 14.00 bis 17.00 Uhr, jeden ersten So. im Monat von 14.00 bis 17.00 Uhr oder nach Anmeldung
Eintritt: Erwachsene 2 €, Kinder/Jugendliche/Studenten 1 €, bei Gruppen ab 10 Personen zahlen Erwachsene 1,50 € und Kinder/Jugendliche/Studenten 0,50 €
Das **Heimatmuseum Netpherland** zeigt dem Besucher die Besonderheiten der regionalen Kultur- und Technikgeschichte, wie z.B. Gerberei, Köhlerei, Haubergwirtschaft und Imkerei. Das Museum ist im ehemaligen Verwaltungsgebäude des Amtes Netphen untergebracht und zeigt im Untergeschoss auch Exponate zur Vor- und Frühgeschichte des Netpherlandes.

Niederdielfen

Förderturm „Am Grimberg" Niederdielfen; Grimbergstr.,
Tel.: 02739 - 80 211
Öffnungszeiten: jeden 2. So. im Monat, 14.00 bis 17.00 Uhr oder nach Vereinbarung. Besichtigung von außen jederzeit möglich.
Eintritt: 1 €
Der rund 16 Meter hohe Förderturm mit Schachtgebäude erinnert eindrücklich an die Wirtschaftsgeschichte des Siegerlandes. Im Schachtgebäude wurde eine ständige Ausstellung mit zahlreichen Exponaten zur Geschichte des Bergbaus eingerichtet.

Wassermühle Niederdielfen, Zum Mühlenweiher 8, 57234 Wilnsdorf
Tel.: 02739–8 02 11
Öffnungszeiten: von Apr. bis Nov. jeden 1. Sa. im Monat von 14.00 bis 16.00 Uhr und nach vorheriger Absprache
Eintritt: frei
Die aus dem Anfang des 18. Jahrhunderts stammende Mühle war noch vor wenigen Jahrzehnten in Betrieb. Hier wurde ursprünglich Roggen, Hafer und Gerste gemahlen. Das Wasser des Mühlenteichs bewegte das mächtige Mühlrad. Im Jahre 1910 wurde das Mühlrad durch eine Turbine/Elektromotor ersetzt.

Salchendorf

Dorfschmiede Salchendorf, „Zur Schmiede", Rolf Giebeler,
Wildener Str. 70, 57290 Neunkirchen, Tel.: 02735-69 97
Öffnungszeiten: jeden 1. Sa. im Monat von 14.00 bis 16.00 Uhr von Apr. bis Nov. und nach Vereinbarung
Das kleine rechteckige Backsteingebäude mit Giebelfachwerk wurde von Mitgliedern des Heimatvereins renoviert und im Jahre 1993 seiner neuen Bestimmung übergeben, um das Schmiedehandwerk der Vorfahren den nachfolgenden Generationen, insbesondere auch Kindern und Jugendlichen, zu erhalten und näher zu bringen.

Tradition in der Region: Der „Backes“

Der „Backes“ in Salchendorf

In vielen Dörfern des Siegerlandes und Wittgensteiner Landes raucht zum Wochenende das Backhaus. Der Duft von krossem Schanzenbrot hat so manchen Radfahrer und Wanderer zum Kauf verlockt. Mit diesem Proviant im Rucksack fährt und läuft es sich leichter. Wer den Brotgenuss aus dem Urlaub mitnehmen will, kann an einem Wochenende lernen, wie man es selber macht. Der Backes von Salchendorf steht übrigens in der Albert-Klenner-Str. 4.

Tipp:
Der Touristikverband Siegerland-Wittgenstein e.V. listet auf seiner Homepage: **www.siegerland-wittgenstein-tourismus.de** die Backtage der Region auf. Klicken Sie dort unter „Kultur- & Städtereisen“ auf „Tradition und Brauchtum“ oder bestellen Sie einfach den kostenlosen Flyer.

Fahrradservice

Netphen

Paul's Service Fahrräder & Zubehör, Lahnstr. 8, Tel.: 02738–16 61, E-Mail: info@pauls-service.de, www.pauls-service.de
Öffnungszeiten: Mo. bis Fr. 9.30 bis 12.00 Uhr und 14.00 bis 18.30 Uhr, Mi. ab 14.30 Uhr, Sa. 9.00 bis 13.00 Uhr

Junker, Am Hubertushain 6, Tel.: 02738-29 04

Wilnsdorf-Wilgersdorf

ML-Radsport, Hauptstr. 6, Tel.: 02739–30 15 72, www.ml-radsport.de

Pannenservice am Rothaarsteig, Tel.: 0171–63 65 698

Tour 3
Durchs Nistertal: Hachenburg - Wissen

Träumen von Elfen: die Nister hinter Burbach

Wo Kinder noch von Elfen träumen dürfen!

Eine Perle liegt vor uns: Aber um an die Perlen heranzukommen, müssen manchmal ungewöhnliche Wege beschritten werden. So starten wir heute nicht an der Sieg, sondern im Westerwald, in **Hachenburg**. Würden wir die Tour von ihrem Zielpunkt Wissen aus fahren, hätten wir stark mit den Bergen zu kämpfen. Nur besser trainierte Radler als wir Genusstouristen könnten dabei die landschaftlichen Reize genießen. Wie wir auf diese Perle unter den Strecken gekommen sind? Auf unserer Tour 6 von Au nach Altenkirchen machten wir Rast im Café Wirths und die Wirtin begeisterte uns mit ihren Ausflugstipps im Westerwald so, dass wir die Tour durch das Nistertal und die Kroppa-

Einfach schön: der „Alte Markt" in Hachenburg

cher Schweiz von dem Moment an fest eingeplant hatten. Schon das Städtchen Hachenburg bezaubert durch seinen sehr gut erhaltenen mittelalterlichen Kern.

Zum Frühstück sitzen wir mitten auf dem wunderschönen Alten Markt ganz nah bei der Stele mit dem goldenen Hachenburger Löwen und fühlen uns ein wenig in vergangene Zeiten zurückversetzt. Die Stadt hat einige Schönheiten zu bieten wie das Schloss, ehemaliger Sitz der Grafen von Sayn mit seiner klassisch-barocken Hufeisenform, das allerdings nicht zu besichtigen ist. Ein weiteres Schmuckstück in Hachenburg ist die um 1200 entstandene, romanische St. Bartholomäuskirche. Wir aber fahren in nordwestlicher Richtung aus der Stadt hinaus und radeln hinunter nach **Marienstatt**, wo wir nach vier Kilometern am Parkplatz neben dem, mit riesiger Außengastronomie ausgestatteten, **Marienstatter Brauhaus** landen. An Wochenenden ist hier viel los. Ein nicht enden wollender Strom von Touristen und Pilgern bevölkert den Ort mit seinem **Kloster Marienstatt**. Wunderbar in das Tal der Nister eingebettet, liegt das Zisterzienserkloster mit der **Abteikirche** als überragendes Bauwerk. Die Kirche wurde 1927 von Papst Pius XI. in den Rang einer Basilika erhoben. Gerne gehen wir ein wenig durch die Parkanlage, die die Kirche umgibt, um die Struktur dieser „ersten gotischen Kirche" östlich des Rheins zu bewundern.

Wir bewegen uns an der nördlichen Seite der Klosterkirche vorbei auf einem Wald-Lehrpfad. Links von uns liegt die Nister, deren Lauf wir durch Wald und Wiesen folgen. Die ersten 500 bis 600 Meter teilen wir noch mit Klostertouristen auf dem breiten, gut befahrbaren Weg, um dann in die Stille des Waldes einzutauchen. Kurz vor **Astert** kommen wir auf eine kleine Landstraße, durchfahren den Ort in Richtung Kroppach und erfahren hier, warum die Gegend „Kroppacher Schweiz" heißt: Hügelig und satt grün ist es hier, Tannen- und Mischwald besetzen die Höhen, mittendrin ruhen einsame Höfe und wohlgeordnete Dörfer umringt von saftigen Weideflächen – das alles hat schon etwas „Schweizerisches".

Wir fahren weiter bis **Heuzert** auf der kleinen Landstraße und müssen dann – die Strecke ging bislang wellig aber doch einigermaßen

Schweizerisches Feeling: Blick auf Niedermörsbach

Wildromantisch: die Nister bei Marienstatt

anspruchslos bergab – den ersten Anstieg mit ca. fünf bis zehn Prozent Steigung, 1,5 Kilometer lang bis **Kroppach** bewältigen, an dessen schöner, weiß gestrichener evangelischer Kirche ein Biker-Restaurant liegt. Weiter geht es auf der Landstraße Richtung Ehrlich. Wir genießen eine 1,8 Kilometer lange Abfahrt durch die „Schweiz" bis **Ehrlich**, wo wir die Nister kreuzen und linker Hand ein Restaurant liegen sehen, das den merkwürdigen Namen **„Grizzly-Saloon"** trägt. An Wochenenden stehen hier Motorräder in Massen. Wir setzen uns auf die Terrasse, trinken einen Kaffee und erleben etwas, was wir hier im Herzen des Westerwaldes nicht vermutet hätten: Die Bedienung kommt – ganz amerikanisch – noch zweimal vorbei und gießt ohne weitere Berechnung die große Tasse Kaffee wieder voll. Das Essen ist eher Fast Food und sollte uns nur im Notfall sättigen, denn Fritten, Bratkartoffeln, Schnitzel und Koteletts machen die Beine schwer. Das ist nicht gerade das, was wir auf dem folgenden Aufstieg gebrauchen können. 2,5 Kilometer steigen wir nun von 200 auf 330 Höhenmeter mit einer Endsteigung von zehn Prozent bis hinter **Niedermörsbach** an. Doch dann geht es bergab: 2,7 Kilometer lang fahren wir über **Burbach** die kleine Landstraße hinunter zur Nister – auf den letzten 300 Metern beträgt das Gefälle bis zu 17 Prozent. Unten an der Nister staunen wir über die kurze Zeit – kaum fünf Minuten haben wir gebraucht. Um allerdings im Höllentempo hier hinunterzuschießen, sollten wir vorsichtshalber zumindest einen Helm anziehen. Fahren Sie bitte nicht gleich weiter, sondern machen Sie an der alten, an den Steineinfassungen vermoosten Brücke eine Pause. Dichter, urwüchsiger Uferbewuchs, alte Bäume und meterhohe Brennnesseln umrahmen den Fluss. Alles wirkt so unberührt, so märchenhaft, als befänden wir uns in einem Land, wo Kinder noch von den Elfen träumen dürfen.

Wir überqueren das Flüsschen und fahren am Ortsrand von **Helmeroth** vorbei, immer dicht an der Nister entlang durch das wunderschöne Tal und lassen uns Zeit, um die ebener werdende Fahrt zu genießen und das Grün der Felder und Wälder, durch das unser Fluss fließt, in uns aufzunehmen.

Insgesamt fahren wir im letzten Abschnitt unserer Tour sechs Kilometer immer an der Nister entlang, bis wir in **Nisterbrück** landen, wo der Fluss in die Sieg mündet. Es ist eine der schönsten Ausfahrstrecken, die wir je gefahren sind!

In **Nisterbrück** fahren wir dann rechts nach **Wissen** hinein und befinden uns nach zwei Kilometern am **Bahnhof Wissen**, von wo aus halbstündlich der Zug nach Au fährt. Von dort aus geht alle zwei Stunden ein Zug zu unserem Ausgangspunkt Hachenburg zurück.

Aufstieg, der lohnt: Überblick hinter Ehrlich

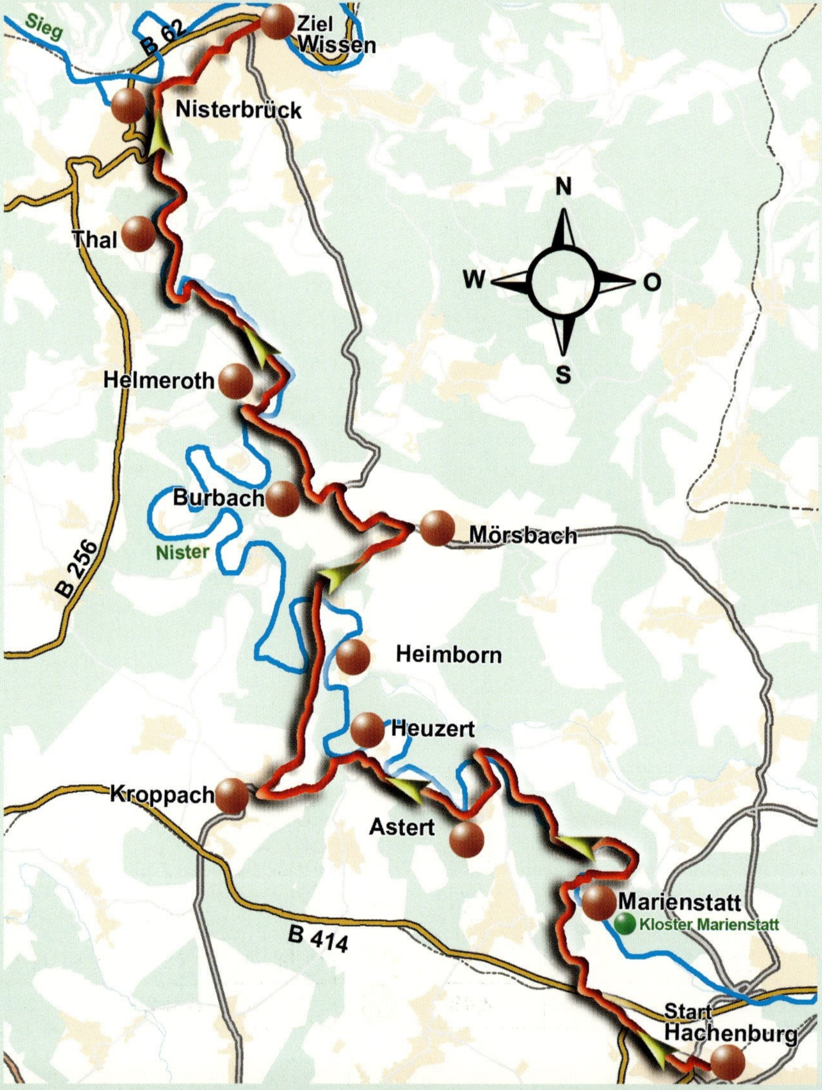

Sieg
B 62
Ziel
Wissen
Nisterbrück
Thal
N
W
O
S
Helmeroth
Burbach
Mörsbach
Nister
B 256
Heimborn
Heuzert
Kroppach
Astert
Marienstatt
Kloster Marienstatt
B 414
Start
Hachenburg

Streckenführung

Start	**Bahnhof Hachenburg**	**0**
weiter	Bahnhofstr., 250 m folgen	0,25
links ab	Nisterstr., 160 m folgen	0,41
rechts ab	Graf-Heinrich-Str., 1,0 km folgen	1,41
rechts ab	B 413, 540 m folgen	1,95
links ab	B 414, 240 m folgen	2,19
rechts ab	K 21, 1,8 km folgen	3,99
	Marienstatt/Brauhaus	**3,99**
links ab	kleine Straße, 90 m folgen	4,08
rechts ab	kleine Straße, 130 m folgen	4,21
	Kloster Marienstatt	**4,21**
links ab	kleine Straße, 50 m folgen	4,26
rechts ab	Waldlehrfad a. d. Nister, 710 m folgen	4,97
	Weggabelung	**4,97**
links ab	kleine Straße a. d. Nister, 2,9 km folgen	7,87
	Kreuzung	**7,87**
links ab	K 19, 110 m folgen	7,97
	Brücke	**7,97**
weiter	K 19, 460 m folgen	8,43
	Astert	**8,43**

weiter	Alte Dorfstr., 410 m folgen	8,84
links ab	Hauptstr., 940 m folgen	9,78
weiter	K 14, 630 m folgen	10,41
	Heuzert	**10,41**
links ab	Bergstr., 80 m folgen	10,49
rechts ab	Nisterstr., 170 m folgen	10,66
links ab	Heuzerter Str., 1,6 km folgen	12,26
	Kroppach	**12,26**
rechts ab	L 265, 2,9 km folgen	15,16
	„Grizzly-Saloon“	**15,16**
weiter	L 265, 1,6 km folgen	16,76
	Niedermörsbach	**16,76**
links ab	L 289, 790 m folgen	17,55
rechts ab	Hachenburger Str., 660 m folgen	18,21
	Burbach	**18,21**
links ab	Nisterstr., 470 m folgen	18,68
rechts ab	Hauptstr., 330 m folgen	18,98
rechts ab	kleine Straße, 1,4 km folgen	20,38
rechts ab	kleine Straße, 200 m folgen	20,58
	Brücke	**20,58**

weiter	kleine Straße, 230 m folgen	20,81
	Helmeroth	**20,81**
rechts ab	Hauptstr./K 133, 1,4 km folgen	22,21
	Langenbach	**22,21**
rechts ab	K 133, 1,1 km folgen	23,31
	Brücke	23,31
weiter	K 133, 3,2 km folgen	26,51
	Nisterbrück	**26,51**
rechts ab	Koblenzer Str., 560 m folgen	27,07
	Wissen	**27,07**
rechts ab	In der Deubach, 10 m folgen	27,08
links ab	Nisterstr., 460 m folgen	27,54
rechts ab	Im Kreuztal, 370 m folgen	27,91
weiter	Rathausstr., 420 m folgen	28,33
Ziel	**Bahnhof Wissen**	**28,33**

Streckencharakter

Schwierigkeitsgrad: schwer
Die Tour hält eine Menge Steigungen bereit, die aber, sollte man nicht so ganz geübt sein, dennoch gut zu bewältigen sind, wenn man nicht versucht, ein Rennen zu fahren.
Die Strecke führt im Gros über Landstraßen und kleine Nebenstraßen. Kurze Abschnitte müssen über Bundesstraßen gefahren werden. Das ist jedoch ungefährlich, da dort Radwege existieren.
Für Ausflügler, die sich nicht scheuen, Sehenswürdigkeiten mit Schweiß zu erobern. – Rennradgeeignet.
Auf dieser Tour sollten Sie unbedingt der Helmpflicht nachkommen!

Streckenprofil

Tourlänge:	28,30 km
Min. Höhe:	ca. 156 m
Max. Höhe:	ca. 336 m
Ges. Aufstieg:	ca. 745 m
Ges. Abstieg:	ca. 920 m
Fahrzeit:	120 Min.

Höhenprofil

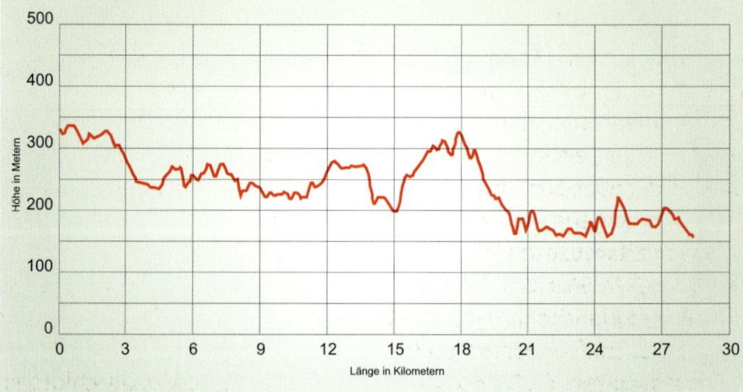

Serviceteil Tour 3

Kontemplation und Vergnügen nah beieinander: Abtei Marienstatt und Marienstatter Brauhaus

Tipp - Essen und Trinken

Marienstatt – Abtei Marienstatt

Marienstatter Brauhaus; Tel.: 02662-95 35 300, Fax: 02662-95 35 333
E-Mail: brauhaus@abtei-marienstatt.de, www.abtei-marienstatt.de
Öffnungszeiten: Di. bis Sa. ab 11.00 Uhr, sonn- und feiertags ab 10.30 Uhr, Mo. Ruhetag

Im großen Biergarten des Brauhauses genossen wir bei herrlichem Wetter das dort gebraute „Marienstatter Klosterbräu", ein dunkles, untergäriges Bier, und verdrückten dabei ein „Marienstatter Wurstbrett" aus verschiedenen Westerwälder Wurstsorten mit Backesbrot – einfach lecker! Übrigens kann man hier auch dem Braumeister bei der Arbeit zuschauen und, wenn man mag, das leckere Gebräu im „Six-Pack" kaufen.

Sehenswürdigkeiten

Hachenburg

Cadillac-Museum Hachenburg, Zur Tiefenbach 6, Tel.: 02662-95 23 13, Fax: 02662-10 75, E-Mail: info@cadillac-museum.de
Für Liebhaber amerikanischer Straßenkreuzer ist das Cadillac-Museum in Hachenburg ein Muss. Das Museum beherbergt über 50 klassische Cadillac der 50er, 60er und 70er Jahre. Lassen Sie sich entführen in die längst vergangene Ära der Heckflossen-Kultur!
Landschaftsmuseum Westerwald, Leipziger Str. 1
Tel.: 02662-74 56, Fax: 02662-46 54
E-Mail: info@landschaftsmuseum-ww.de
www.landschaftsmuseum-ww.de
Öffnungszeiten: Di. bis So. 10.00 Uhr bis 17.00 Uhr, Mo. geschlossen
Eintritt: Erwachsene 4 €, Senioren 3 €, Kinder ab sechs Jahre, Auszubildende/Arbeitslose 2 €, Familien 3 €, Gruppen 3 € pro Person
Das Landschaftsmuseum Westerwald ist in einem Museumsdorf untergebracht. Es besteht aus acht typischen „Westerwälder Häusern" aus dem 18. und 19. Jahrhundert. Diese wurden in der Region abgetragen und originalgetreu auf dem heutigen Museumsgelände wieder aufgebaut.

Heuzert

Mühlenwanderweg
Heuzert im Westerwald nennt man das Dorf der Mühlen. Im 19. Jahrhundert standen dort nämlich noch vier Mühlen, die die Geschichte von Heuzert geprägt haben. Touristen von nah und fern erkunden den Westerwald rund um das Dorf auf dem Mühlenwanderweg.

Die Klosterkirche Marienstatt

Abtei Marienstatt

Das Zisterzienserkloster ist ein Tochterkloster von Kloster Heisterbach im Siebengebirge und Anfang des 13. Jahrhunderts gegründet worden. Direkt an der Nister gelegen, umfasst die Abtei die von 1222-1425 erbaute Abteikirche – sie gilt als erste rechtsrheinische gotische Kirche in Deutschland –, eine Bibliothek, ein Brauhaus mit Restaurant, eine Buch- und Kunsthandlung, ein Gästehaus und ein traditionsreiches Gymnasium.
Eine Führung durch die Abtei ist nicht möglich, aber nach vorheriger Anmeldung wird eine 40-minütige Videoführung angeboten, die einen sehr guten Einblick in die Geschichte der Abtei und das Leben und Wirken der Mönche gibt.

Fahrradservice

Hachenburg

Ulrich Wende, Hauptstr. 4, 57643 Alpenrod,
Tel.: 02662-4370 oder 0171-7 44 74 76

Wissen

Tretmühle Sport- und Fahradhandel GmbH, Rathausstr. 20,
Tel.: 02742-91 01 23, Fax: 02742-91 01 25

Die Wildenburg

Stachelschweine, Flamingos und Fachwerk zum Sattsehen

Es geht gleich am **Bahnhof Kirchen** gemütlich und familienfreundlich los, denn dort kommen wir sofort auf den **Asdorftal-Radwanderweg**. 11,8 Kilometer lang schlängelt er sich gemütlich auf einer ehemaligen Bahntrasse von Kirchen über Wehbach und Niederfischbach, so dass es kein Problem für uns ist, auch mal nebeneinander fahrend, einen Plausch zu halten. Einrollen nennen das die Profis. In **Niederfischbach** sollten wir uns kurz auf die Sehenswürdigkeiten konzentrieren, denn der Ort ist zwar klein, aber oho! Beginnen wir mit der Niederfischbacher Kultur. In dem beschaulichen Ort fällt sogleich die katholische Pfarrkirche „St. Mauritius und Gefährten" ins

Fachwerk satt: Freudenberg

Auge. Die mächtige neuromanische Basilika ist die einzige viertürmige Kathedrale in der Gegend. Ein Blick hinein lohnt, da das Mittelschiff von dem Mosaik mit dem Motiv „Die Wurzel Jesse" geziert wird.
Vollkommen ungewöhnlich für die Region ist aber etwas anderes: der Niederfischbacher **Tierpark**, wo es Tiere von A-Z aus aller Welt mitten auf dem Land zu bestaunen gibt. Kurios wirkt die Entstehungsgeschichte des Dorfzoos. Alles begann mit der Initiative einiger Aquarianer, die nicht nur ein Herz für Goldfische hatten. Sie trafen sich Anfang der fünfziger Jahre in ihren Wohnungen zu Fachsimpeleien über tropische Zierfische. Ihnen gesellten sich Vogelfreunde hinzu, worauf die größer werdenden Treffen nun im Wartezimmer einer ortsansässigen Zahnarztpraxis veranstaltet wurden. Und hier lag die Geburtsstunde des heutigen Tierparks.
Ohne eine zielbewusste Namensgebung, so glaubte man, ohne eine Eintragung ins Vereinsregister, so war man überzeugt, und ohne finanzielle Mittel, so stellte man fest, konnte das mit dem Tierpark nichts werden. Also erledigte man alle Formalitäten, nannte sich „Natur und Heim" und baute den Tier- und Erholungspark immer weiter aus – Esel, Lamas, Waschbären und Flamingos gehören nun genauso zu Fischbach wie die Hügel und Wiesen. Wer mit seiner Familie unterwegs ist, muss wegen des Parks vermutlich viel Zeit mitbringen, alle Übrigen können schon mal weiterfahren.
Es geht nach **Oberasdorf**, wo wir auf der romantisch gelegenen Strecke nicht nur Radlern, sondern auch Inline-Skatern begegnen. Etwas beschwerlich – da hügelig – ist ein Besuch in **Freudenberg**, einem hochinteressanten Ort, der ausschließlich aus Fachwerkhäusern besteht, die vom Feinsten sind. Das Fachwerkensemble, „Alter Flecken" genannt, ist als internationales Baudenkmal eingestuft worden. Schiebend oder radelnd sollten Sie diesen Ort erkunden.
Gleich hinter Freudenberg stoßen wir wieder auf einen Radweg entlang einer stillgelegten **Eisenbahntrasse**, die wir mit viel Spaß fahren, denn der Aufstieg zum **Wildenburger Ländchen** liegt mitten im Wald und ist moderat. Einsam müssen wir uns hier ohnehin nicht fühlen, da sich der Weg bei Radlern, Wanderern und Inline-Skatern höchster Beliebtheit erfreut. Aus gutem Grund: Er ist breit und der

St. Anna oder auch Rote Kapelle bei Friesenhagen

Wasserschloss Crottorf

Die berühmte Journalistin Marion Gräfin Dönhoff verstarb auf dem Wasserschloss. Genau gegenüber liegt der **Wildenburger Hof**, ein jüngst komplett renoviertes Restaurant/Hotel, auf dessen Terrasse wir uns niederlassen können. Frisch gestärkt geht es weiter am **Wisser Bach** entlang, wo wir die gemächliche Abfahrt und den großartigen Blick auf Hügel und Wälder genießen. Auch wenn wir hier zum Teil nicht auf Radwegen fahren, sind die Landstraßen so gut angelegt, dass uns der Verkehr nicht

Asphalt glatt und wunderbar zu befahren. Wir erreichen das Ende des Radwegs am **Wildenburger Bahnhof**, der auf 417 Metern gelegen der höchste Punkt der Tour ist. Es beginnt die Abfahrt auf der Landstraße nach **Wildenburg** mit der **Burg Wildenburg**. Sie ist mit ihrem 20 Meter hohen Bergfried eine weithin sichtbare Sehenswürdigkeit im Friesenhagener Land. Das Gebäude wurde 1230 errichtet, um den alten „Hilleweg", eine traditionelle Handelsstraße, die von Köln nach Siegen führte, zu sichern. Im benachbarten **Krottorf** findet sich schon die nächste Attraktion: das **Wasserschloss Crottorf**. 1326 wurde erstmals ein Hof mit Namen „Crottorf" urkundlich erwähnt, aber die heutige Anlage wurde größtenteils erst Ende des 17. Jahrhunderts errichtet.

wirklich stört. Sollten Sie mit Kindern unterwegs sein, ist jedoch Vorsicht geboten.

In **Morsbach** – hier gibt es eine sehenswerte romanisch-staufische Basilika zu bestaunen, die mit ihren Fresken und der Napoleon-Darstellung weit bekannt ist –halten wir uns in Richtung **Volperhausen**, wo wir eine Burg aus dem ehemaligen Besitz derer von Hatzfeldt sehen: das **Burghaus Volperhausen**. Leider ist sie nur von außen zu besichtigen, daher machen wir uns gleich wieder auf den Weg und gelangen wenige Kilometer später an unser Ziel, den **Bahnhof Wissen**, wo wir vielleicht einen Sonnenuntergang erleben, der uns an das rote Gefieder der Flamingos von Niederfischbach erinnert.

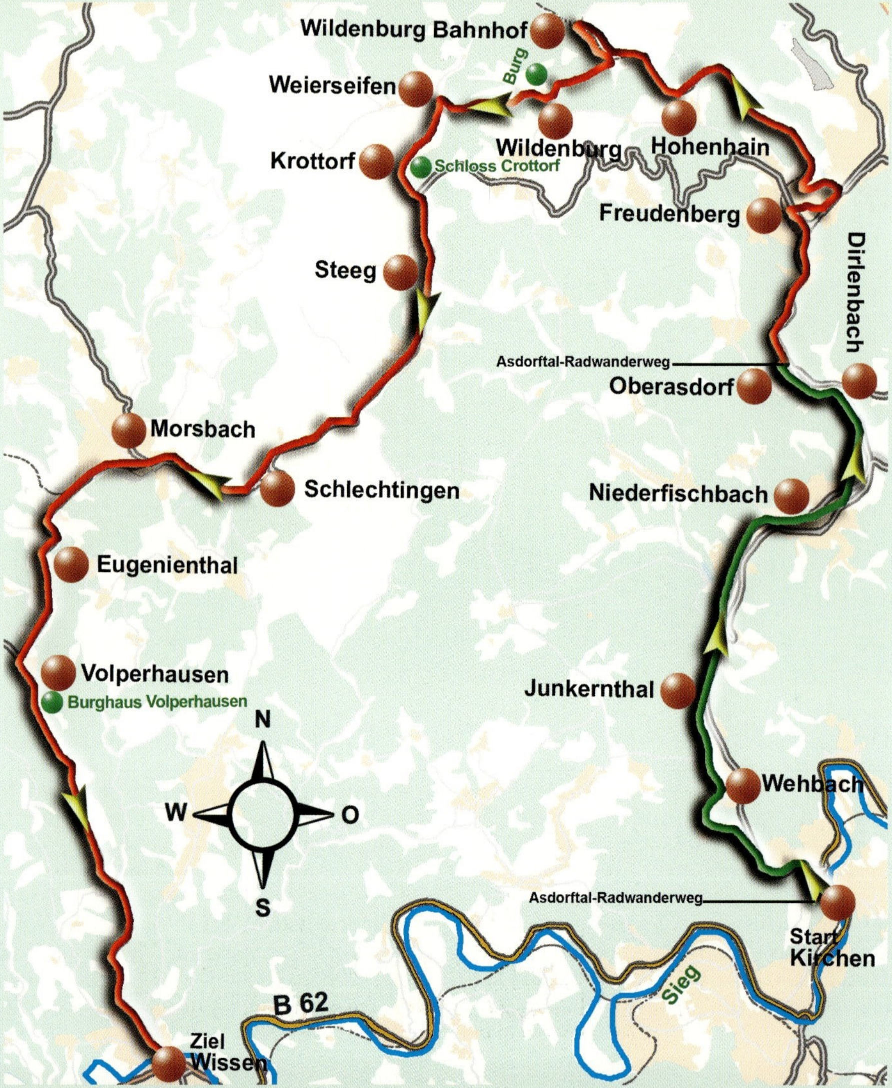
Wildenburg Bahnhof
Burg
Weierseifen
Wildenburg
Hohenhain
Krottorf
Schloss Crottorf
Freudenberg
Steeg
Dirlenbach
Asdorftal-Radwanderweg
Oberasdorf
Morsbach
Schlechtingen
Niederfischbach
Eugenienthal
Volperhausen
Burghaus Volperhausen
Junkernthal
N
W
O
S
Wehbach
Asdorftal-Radwanderweg
Start
Kirchen
Sieg
B 62
Ziel
Wissen

Streckenführung

Start	**Bahnhof Kirchen**	**0**
	Bahnhofstr., 380 m folgen	0,38
links ab	Radweg über Brücke, 140 m folgen	0,52
rechts ab	Asdorftal-Radweg, 100 m folgen	0,62
links ab	Asdorftal-Radweg, entlang L 280, 880 m folgen	1,50
halb links	Asdorftal-Radweg, nach Tankstelle Jungenthaler Str., 710 m folgen	2,21
weiter	Asdorftal-Radweg, 2,5 km folgen	4,71
	„Alte Rentei“ im Junkernthal	**4,71**
weiter	Asdorftal-Radweg, 3,0 km folgen	7,71
	Fischbacher Hütte	**7,71**
rechts ab	Asdorftal-Radweg, 1,4 km folgen	9,11
	Niederfischbach	**9,11**
weiter	Asdorftal-Radweg, 3,7 km folgen	12,81
	Oberasdorf	**12,81**
rechts ab	Plittershagener Str., 160 m folgen	12,97
links ab	Asdorfer Str., 1,6 km folgen	14,57
	Freudenbeg	**14,57**
rechts ab	Am Silberstern, 150 m folgen	14,72
links ab	Am Silberstern, 610 m folgen	15,33
rechts ab	Bahnhofstr., 180 m folgen	15,51
links ab	Crottorfer Str., 160 m folgen	15,67
rechts ab	Crottorfer Str., 260 m folgen	15,93
rechts ab	Kölner Str., 170 m folgen	16,10
rechts ab	Zum Kurpark, 300 m folgen	16,40
links ab	Bahnhofstr., 420 m folgen	16,82
links ab	Mühlenstr., 60 m folgen	16,88
links ab	kleiner Weg bis Weiher, 270 m folgen	17,15
links ab	Am Gambachsweiher, 240 m folgen	17,39
rechts ab	Gambachsweg, 240 m folgen	17,63
links ab	Radweg, 2,5 km folgen	20,13
weiter	Radweg durch Tunnel, 350 m folgen	20,48
weiter	Radweg, 2,1 km folgen	22,58
	Bahnhof Wildenburg	**22,58**
links ab	Bahnhof Wildenburg, 30 m folgen	22,61
links ab	K 84, 1,8 km folgen	24,41
	Wildenburg/Burg Wildenburg	**24,41**
links ab	Burg Wildenburg, 390 m folgen	24,80
links ab	K 86, 1,7 km folgen	26,50
links ab	L 278, 1,1 km folgen	27,60

	Krottorf/Schloss Crottorf	**27,60**
weiter	L278, 260 m folgen	27,86
weiter	L 278, 6,4 km folgen	34,26
	Hammer	**34,26**
weiter	L 336, 1,6 km folgen	35,86
	Morsbach	**35,86**
weiter	L 336, 1,1 km folgen	36,96
links ab	L326, 3,4 km folgen	40,36
	Volperhausen	**40,36**
links ab	L 324, 700 m folgen	41,06
	Burghaus Volperhausen	**41,06**
weiter	L 324/L 278, 6,2 km folgen	47,26
	Wissen/Siegbrücke	**47,26**
weiter	Marktstr., 260 m folgen	47,52
links ab	Bahnhofstr., 370 m folgen	47,78
Ziel	**Bahnhof Wissen**	**47,78**

Streckencharakter

Schwierigkeitsgrad: leicht bis mittelschwer
Die ersten 21 Kilometer geht es auf unserer Tour stetig aber äußerst moderat bergauf, selten erreichen die Steigungen mehr als fünf Prozent. Bis zum Bahnhof Wildenburg (Kilometer 22,5) führt der Weg, bis auf kurze Passagen in Freudenberg, ausschließlich über Fahrradwege und ist absolut familientauglich.
In der zweiten Hälfte der Tour fahren Sie nur über Landstraßen, die größtenteils nicht über Fahrradwege verfügen, jedoch gut befahrbar sind. Sollten Sie kleine Kinder dabei haben, fahren Sie vom Bahnhof Wildenburg am besten zurück nach Freudenberg und von dort mit dem Bus wieder nach Kirchen oder Wissen. – Rennradgeeignet.

Streckenprofil

Tourlänge:	47,8 km
Min. Höhe:	ca. 146 m
Max. Höhe:	ca. 408 m
Ges. Aufstieg:	ca. 659 m
Ges. Abstieg:	ca. 694 m
Fahrzeit:	ca. 190 Min.

Höhenprofil

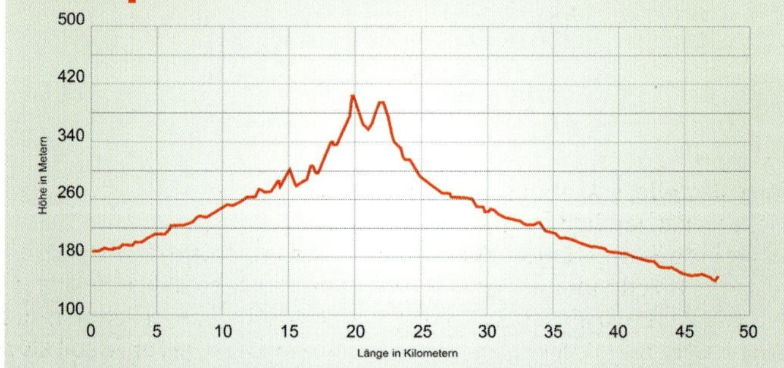

Serviceteil Tour 4

Nachbarn: Wildenburger Hof und Schloss Crottorf

Tipp - Essen und Trinken

Friesenhagen-Krottorf

Landgasthof Wildenburger Hof

Krottorf 7, Tel.: 02294-993 67 10, Fax: 02294-993 67 12, E-Mail: info@landgasthof-wildenburgerhof.de, www.landgasthof-wildenburgerhof.de

Öffnungszeiten: Fr., Sa., Sonn- und Feiertage von 11.00 bis 22.00 Uhr

Auf der großzügig angelegten Terrasse vor dem Hotel-Restaurant haben wir einige kleine Perlen der guten Küche genossen und dabei erfahren, dass man hier Speise-Arrangements für Ausflügler zu annehmbaren Preisen bereithält und darüber hinaus eine Rundfahrt und Führung zu den historischen Stätten des Wildenburger Landes bietet.

Freudenberg

In Freudenberg finden Sie zahlreiche Einkehrmöglichkeiten, weitere Informationen unter www.freudenberg-tourist.de, Tel.: 02734-43 164

Sehenswürdigkeiten

Friesenhagen

Rote Kapelle, s. Ausflugskarte auf der nächsten Seite

Viele Menschen haben schon einmal von Hexenverbrennungen oder Hexenwahn gehört. Einige vielleicht sogar im Zusammenhang mit der Gemeinde Friesenhagen. Dort wurden zwischen 1590 und 1652 über 200 Männer und Frauen aus dem Herrschaftsbereich Wildenburg aufgrund von Verleumdung und Denunzierung als Hexen oder Zauberer verbrannt.

An der Stelle, wo einst unschuldige Menschen ihr Leben lassen mussten, steht heute eine Kapelle, die der heiligen Anna geweiht ist. Im Volksmund nennt man sie auch Rote Kapelle. Die rote Farbe soll als Mahnung an das viele Blut, das dort vergossen wurde, erinnern.

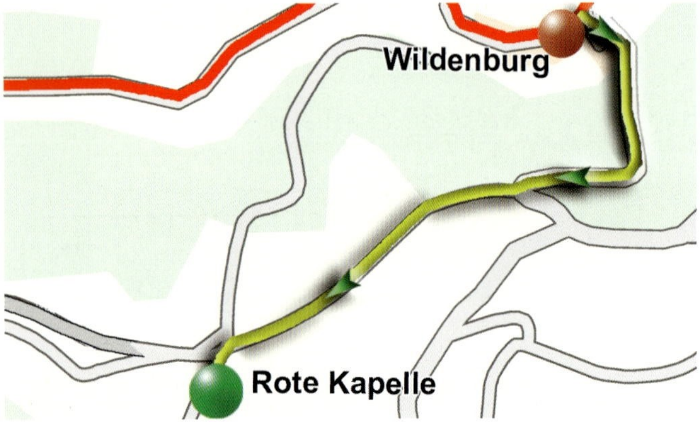

Der Weg zur „Roten Kapelle“

Auf der Grundroute von Wildenburg/Bahnhof kommend fahren Sie in Wildenburg eine kleine Straße Richtung Friesenhagen nach links ab und folgen ihr durch zwei Rechtskurven ca. 480 Meter lang bis zu einer Weggabelung. Dort fahren Sie geradeaus weiter auf einem landwirtschaftlichen Weg und finden nach ca. 570 Metern die „Rote Kapelle“.

Freudenberg

Altstadt [s. Wegbeschreibung]
Einige Stadtteile von Freudenberg werden bereits im 11. Jahrhundert urkundlich erwähnt. Der Ort und die Burg Freudenberg werden jedoch erstmals im Jahre 1389 genannt. Der historischer Stadtkern ist auch unter der Bezeichnung „Alter Flecken“ bekannt.

Stadtmuseum Freudenberg, Mittelstr. 4-6, Tel.: 02734-43 16 4
Öffnungszeiten: Mi., Sa., und So. 14.00 bis 17.00 Uhr; Gruppen ab zehn Personen auch an Werktagen nach vorheriger telefonischer Vereinbarung. Zu sehen sind Exponate aus der Wirtschafts- und Heimatgeschichte. Das Museum beherbergt eine sehenswerte Uhrensammlung.

Südwestfälische Freilichtbühne,
Tel.: 02734-48 96 99, www.freilichtbühne-freudenberg.de,
E-Mail: info@freilichtbuehne-freudenberg.de
Hier spielt eine der renomiertesten Freilicht-Theatergruppen Deutschlands mit jährlich ca. 60 Veranstaltungen.

Technikmuseum Freudenberg, Olpener Str. 5
Tel.: 02734-32 48 oder Tel./Fax: 02734-80 90,
E-Mail: info@technikmuseum-freudenberg.de,
www.technikmuseum-freudenberg.de
Öffnungszeiten: 1. Mai bis Ende Okt. jeden So. 10.00 Uhr bis18.00 Uhr
Eintritt: Erwachsene 3,50 €, Kinder/Jugendliche 1,50 €, Familien: 7 €, Kinder unter sechs Jahren haben freien Eintritt
Im Museum werden Arbeitsgeräte vergangener Jahrhunderte ausgestellt. Eine Dampfmaschine treibt einige der alten Geräte an. Daneben finden unterschiedliche Sonderausstellungen statt. Auch die Gebäude haben ihre Geschichte und sind sehenswert.

Friesenhagen-Krottorf

Schloss Crottorf, Krottorf 2
Öffnungszeiten der Außen- und Parkanlage:
1. Apr. bis 31.Okt., jeweils Fr., Sa. und So. 11.00 bis 18.00 Uhr;
Eintritt:
Erwachsene: 2 €; Kinder: 1 €; Gruppen: 1 € pro Person
Im Jahre 1326 wird erstmals ein Hof Crottorf erwähnt. Dieser wird 1542 von Johann von Selbach zum Wasserschloss umgebaut. Heute wohnt Hermann Graf Hatzfeldt-Wildenburg-Dönhoff im Schloss.

Kirchen

Heimatmuseum Kirchen
Museum des Kirchener Heimatvereins e.V., Wiesenstr. 7,
Tel.: 02741-93 03 89
Öffnungszeiten: regelmäßig am 1., 2. und 3. So. im Monat von 14.00 bis 17.00 Uhr und nach Vereinbarung; bitte über den jeweiligen 1. Vorsitzenden oder obige Telefonnummer erfragen.

Die Mitglieder des Kirchener Heimatvereins arbeiten an der Gestaltung des Museums für die Stadt Kirchen mit dem Schwerpunkt Industriegeschichte. Das ist natürlich nicht alles, was die Kirchener Geschichte zu bieten hat. So wundern sich z. B. nicht wenige darüber, dass in Kirchen auch einmal Bier gebraut wurde oder das es in Kirchen auch einmal ein Gefängnis gab. Über dies und vieles mehr informiert das Heimatmuseum.

Kirchen-Herkersdorf

Druidenstein, ein Kreuzweg führt durch den Wald oberhalb der Heilig-Kreuz-Kirche in Herkersdorf zum Druidenstein.
Der Druidenstein in Herkersdorf bildet eine der „herausragenden" Sehenswürdigkeiten in der Verbandsgemeinde Kirchen. Der Basaltkegel erhebt sich auf 450 Meter über NN in ca. 20 Meter Höhe.

Ottoturm, zu erreichen über die K 101 von Kirchen, Richtung Neunkirchen
Der Ottoturm in Herkersdorf ist das Ausflugsziel bei schönem Wetter. Hier kann man einen tollen Rundum-Blick genießen. Im Jahre 1908 wurde der Ottoturm errichtet. Gestiftet wurde dieser Turm von Herrn Otto Stein, Industrieller aus der Stadt Kirchen. Der Turm hat eine Höhe von 18 Metern und befindet sich auf dem Kahlberg in 405,9 Meter Höhe über NN.

Morsbach-Volperhausen

Burghaus Volperhausen [s. Wegbeschreibung]
Die Burg Volperhausen wurde wahrscheinlich Anfang des 16. Jahrhunderts gebaut. Das kleine Burghaus gehörte einst den Grafen von Hatzfeld und hatte im Laufe der Zeit wechselnde Besitzer. Das Anwesen ist ein rechteckiger dreigeschossiger Bruchsteinbau mit schlankem Treppenturm. Die Anlage ist heute bewohnt und kann nur von außen besichtigt werden.

Niederfischbach

Siegerländer Dom, kath. Kirchengemeinde „St. Mauritius und Gefährten", Tel. 02734-611 35
Die Kirche „St. Mauritius und Gefährten" in Niederfischbach wird auch oft als „Siegerländer Dom" bezeichnet. Zu diesem Namen kam die Kirche aufgrund ihrer Größe. Errichtet wurde die Kirche in den Jahren 1897/98.

Tierpark Niederfischbach e.V.
Tel.: 02734-61 175, www.tierpark-niederfischbach.de
Öffnungszeiten: 1.Apr. bis 31.Okt täglich von 10.00 Uhr bis 18.00 Uhr
Eintritt: Die Preise entnehmen Sie bitte der Website, es können auch Familienmitgliedschaften und Jahreskarten erworben werden

Wildenburg

Die Wildenburg [s. Wegbeschreibung]
Der eigentliche Zweck der Wildenburg war die Sicherung des alten „Hildeweges", einer alten Handelsstraße, die von Köln nach Siegen führte. Das Baujahr der Wildenburg wird auf 1230 geschätzt.

Wissen

Schloss Schönstein
Das Schloss Schönstein wurde erstmals 1255 urkundlich erwähnt. Ab 1281 diente die Burg dem Erzstift Köln als Pfandobjekt. Heute ist Schloss Schönstein Verwaltungssitz der Fürstlich-Hatzfeldt-Wildenburg'schen Kammer und Wohnsitz der Familie der Grafen von Dönhoff, deshalb können die Innenräume nicht besichtigt werden.

Katholische Pfarrkirche Kreuzerhöhung
Die katholische Pfarrkirche Kreuzerhöhung dominiert mit ihrem weithin sichtbaren Glockenturm das Stadtbild des Ortskerns von Wissen. In die Westseite des Turmes eingelassen findet man den „Anno-Dusnt-Stein", der auf die Grundsteinlegung der ersten steinernen Kirche im Jahre 1000 zurückgeht.

Die Alte Rentei im Junkerntal
am Asdorftalradweg [s. Wegbeschreibung]
Die „Alte Rentei" ist das Torhaus des Gutssitzes Junkernthal und wurde 1743 erbaut. Hier wohnte der Gutsverwalter und Rentmeister. Um einen der Rentmeister rankt sich folgende nette Geschichte, die sich wohl so oder ähnlich in den 1920er Jahren zugetragen haben soll: Der letze Postillion aus Wehbach fischte seinerzeit gerne, aber unerlaubt auf seinem Weg durch das Junkerntal. Natürlich blieb der Fischfrevel dem Rentmeister nicht verborgen, aber er konnte den Täter nicht erwischen. Der Postillion, Keisinger war übrigens sein Name, wusste, dass der Rentmeister ihn verdächtigte und beschloss, ihm einen kleinen Streich zu spielen. Er kaufte sich zwei Heringe, setzte sich im Junkernthal an einen Tümpel und bewegte die beiden Tiere ein wenig im Wasser hin und her. Bald entdeckte ihn der Rentmeister, sicher, endlich den Fischdieb erwischt zu haben. Doch der Postbote zog lächelnd die toten Fische aus dem Wasser und bemerkte nur, dass es ja wohl nicht verboten sei, „ein paar Heringe in der Asdorf schwimmen zu lassen". Ob es dem Rentmeister jemals gelungen ist, den schlauen Postillion doch noch zu überführen, ist nicht überliefert.

Fahrradservice

Kirchen
Ralf Schneider, Austr. 7, Tel.: 02741-93 18 40

Niederfischbach
Walter Frevel, Konrad-Adenauer-Str. 56, Tel.: 02734-61 24 8

Wissen
Tretmühle – Sport- und Fahrradhandel GmbH, Rathausstr. 20, Tel.: 02742-91 01 23
Zweirad Krause, Walzwerkstr. 8b, Tel.: 02742-91 28 77

Tour 5
Schladern - Hamm - Schladern

Freier Blick über die Höhen

Wo Herr Raiffeisen den Weg frei machte

Naturgenuss pur, eine wegweisende Entscheidung und die Begegnung mit Herrn Raiffeisen warten heute auf uns. Erst einmal geht es vom **Bahnhof Schladern** hinauf zu den Sieghöhen. Das klingt nach Anstrengung, die Steigung lässt sich jedoch bequem mit der ganzen Familie bewältigen. In einer Nebenstraße zur B 256 fällt dann die Entscheidung an einer Weggabelung. Rechts fahren oder links? Das ist hier die Frage. Vorab sei gesagt: Egal, welche Variante wir wählen, der Lohn ist ein grandioser Blick über das Oberbergische hin in Richtung Waldbröl und nach Morsbach sowie zum Siegtal hinunter.

Vierbucher Mühle mit Hotel

Variante 1: Wir fahren rechts dem Lauf des **Schnörringer Bachs** nach und gelangen in dessen wunderschönes Tal Richtung „Vierbucher Mühle“. Das Hotel/Restaurant liegt mitten im Wald und es lässt sich dort zu sehr moderaten Preisen gut essen. Eine Besonderheit: Man kann im hauseigenen Teich Forellen, Karpfen, Schleien, Welse und Störe angeln und bekommt den selbst gefangenen Fisch auch noch gleich in der Mühle zubereitet. Gut gestärkt radeln wir nach **Heide**, dem höchsten Punkt (340 Meter) des Ausritts der Variante 1.

Variante 2: Wir fahren von der Gabelung nach links in Richtung Wies, Herfen, Altehufen und Lützingen, wo wir mit 390 Metern den Höchstpunkt der Strecke erreichen und durch eine bezaubernde Landschaft radeln, bis wir ebenfalls nach Heide gelangen, wo sich die Wege beider Varianten wieder vereinen.

Von **Heide** bis **Forst** bewegen wir uns ohne nennenswerte Hebungen und Senkungen durch Waldgebiet, das uns immer wieder den Blick frei gibt über die Bergrücken, die uns auf dieser Höhenstraße umgeben – es ist schlichtweg traumhaft.

Fahren Sie mal im Frühjahr oder Herbst früh morgens los, wenn unten an der Sieg noch der Dunst schwer über dem Tal liegt, die Luft kühl und feucht ist und die Beine nur langsam auf Betriebstemperatur kommen. Dann radeln Sie gemütlich durch das kleine Tal bis hinauf auf die Anhöhe, wo plötzlich der Schleier von der Sonne gerissen wird und die weite Sicht über das Land sich auftut, beschienen von diesem milden, frühen Licht, das diesen Jahreszeiten eigen ist.

Ab **Forst** geht es eine sehr steile Abfahrt hinunter bis zum tiefsten Punkt der Tour in **Oppertsau**. Hier sollten wir sehr vorsichtig und besonnen fahren. Zurück an der Sieg, überqueren wir diese und gelangen in Raiffeisens Geburtsort Hamm/Sieg. Noch heute machen die Volks- und Raiffeisenbanken laut Werbung den Weg frei. Ihr Namensgeber ist am 30. März 1818 in Hamm geboren und der Ort hat seinem prominenten Sprössling mit dem „Raiffeisenmuseum“ in der Raiffeisenstraße 10 ein Denkmal gesetzt. Ein Besuch lohnt sich, da nicht nur die Geschichte der genossenschaftlichen Entwicklung anhand

Noch liegt Dunst über dem Tal

von Dokumenten aufgezeigt wird, sondern auch das Leitmotiv des Ur-Genossenschaftlers „Selbsthilfe – Selbstverantwortung – Selbstverwaltung" ablesbar wird.
Raiffeisen war ein Kind seiner Zeit, denn soziale Nöte bestimmten damals den Alltag der Verlierer der industriellen Revolution. Und so gründete Raiffeisen 1854 den „Wohlthätigkeitsverein", der 1864 in „Heddesdorfer Darlehenskassen-Verein" umbenannt wurde. Dieser Verein darf heute als Grundstein für das neuzeitliche ländliche Genossenschaftswesen bezeichnet werden. Gut 20 Jahre später starb Friedrich Wilhelm Raiffeisen am 11. März 1888 in Heddesdorf, aber seine Ideen beeinflussen bis heute die Welt. In weit über 100 Ländern sind über 380 Millionen Menschen in Raiffeisen-Genossenschaften organisiert.

Endlich Frühlingssonne auf der Höhe

Obendrein gibt es von Hamm aus eine „Historische Raiffeisenstraße", die über Orte wie Hamm, Weyerbusch, Flammersfeld bis Neuwied-Heddersdorf führt.
In Hamm stoßen wir auf die B 256, an der entlang nach **Rosbach** fahren. Auch hier geht es steil bergab und wir müssen vorsichtig sein. In Rosbach sollten wir uns die Gedenkstätte der „Landjuden an der Sieg" ein wenig näher ansehen: Das 200 Jahre alte Fachwerkhaus in der Bergstraße kam 1917 in den Besitz der Familie Seligmann. Der denkmalgeschützte zweigeschossige Ständerbau diente dem letzten an der Sieg lebenden und arbeitenden jüdischen Altwarenhändler und seiner Familie bis 1961 als Wohn- und Arbeitsplatz. In einer umfangreichen Sammlung von Bild- und Textmaterial zeigt die Dauerausstellung Entstehung und Blütezeit der jüdischen Gemeinden entlang der Sieg sowie ihre Zerstörung während der Zeit des Nationalsozialismus. Mit vielen landschaftlichen Eindrücken und einer Begegnung mit Raiffeisen im Gepäck, kehren wir nach **Schladern** zurück, wo unsere kurze Reise durch die Jahrhunderte begonnen hat.

Wie´s gefällt: Vorgarten bei Fürthen

Streckencharakter

Schwierigkeitsgrad: mittelschwer
Die Tour führt über gut befahrbare Landstraßen und teilweise entlang der Bundesstraße 256. Die meisten Anstiege sind moderat und liegen im Gros unter fünf Prozent; es gibt einige sehr steile Passagen. Nicht familientauglich.

Streckenprofil

Tourlänge:	37,6 km
Min. Höhe:	ca. 120 m
Max. Höhe:	ca. 333 m
Ges. Aufstieg:	ca. 700 m
Ges. Abstieg:	ca. 700 m
Fahrzeit:	ca. 130 Min.

Höhenprofil

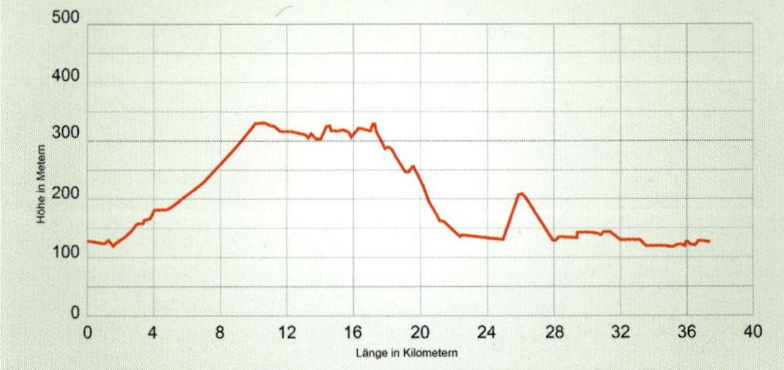

Streckenführung

Start	**Bahnhof Schladern**	**0**
weiter	Waldbröler Str., 350 m folgen	0,35
links ab	Waldbröler Str., 740 m folgen	1,09
rechts ab	B 256, 570 m folgen	1,66
links ab	Poche Str., 1,3 km folgen	2,96
	Einmündung rechts liegen lassen	
halb links	Poche Str., 400 m folgen	3,36
	Einmündungen liegen lassen	
weiter	Poche Str., 1,2 km folgen	4,56
	Einmündung links liegen lassen	
weiter	Poche Str., 150 m folgen	4,71
	Abzweig rechts liegen lassen	
links ab	kleine Str., 30 m folgen	4,74
rechts ab	kleine Str., 650 m folgen	5,39
	Einmündung links liegen lassen	
weiter	kleine Str., 600 m folgen	5,99
	Einmündung rechts liegen lassen	
weiter	kleine Str., 170 m folgen	6,16
	Einmündung links liegen lassen	

weiter	kleine Str., 480 m folgen	6,64
	Vierbuchermühle	**6,64**
links ab	kleine Str., 60 m folgen	6,70
rechts ab	kleine Str., 1,1 km folgen	7,80
	Einmündung links liegen lassen	
weiter	kleine Str., 480 m folgen	8,28
rechts ab	Schnörringer Str., 350 m folgen	8,63
	Schnörringen	**8,63**
links ab	Schnörringer Str., 180 m folgen	8,81
rechts ab	kleine Str., 640 m folgen	9,45
	Heide	**9,45**
links ab	Heide, 450 m folgen	9,90
rechts ab	Alte Schulstr., 250 m folgen	10,15
rechts ab	Westerwaldstr., 1,5 km folgen	11,65
	Einmündungen liegen lassen	
weiter	Westerwaldstr./Kreuzstr., 630 m folgen	12,28
	Erblingen	**12,28**
rechts ab	Eisenstr., 1,8 km folgen	14,08
	2 Einmündungen links liegen lassen	

weiter	Oberbergische Str., 800 m folgen	24,88
	Perseifen	**24,88**
weiter	Oberbergische Str., 700 m folgen	15,58
	Kohlberg	**15,58**
weiter	Eisenstr., 870 m folgen	16,45
	Wäldchen	**16,45**
links ab	kleine Str./Hauptstr., 2,3 km folgen	18,75
	Forst	**18,75**
weiter	Hauptstr., 1,1 km folgen	19,85
	Bitzen	**19,85**
links ab	Sankt Andreas, 1,1 km folgen	20,95
weiter	Am Jähenberg, 610 m folgen	21,56
weiter	Grube Andreas Str., 490 m folgen	22,50
	Oppertsau	**22,50**
rechts ab	Fürthener Str., 170 m folgen	22,67
rechts ab	Fürthener Str., 240 m folgen	22,91
	Fürthen, Siegbrücke	**22,91**
rechts ab	Raiffeisenstr./Gartenstr., 1,7 km folgen	24,61
	Opsen	**24,61**
rechts ab	Uferstr., 1,1 km folgen	25,71

rechts ab	Mümmelbach, 600 m folgen	26,31
	Hamm (Sieg)	**26,31**
rechts ab	Mozartstr., 60 m folgen	26,37
links ab	Feldweg, 280 m folgen	26,65
links ab	Scheidter Str., 240 m folgen	26,89
links ab	Radweg auf der B 256, 1,5 km folgen	28,39
	Au, Siegbrücke	**28,39**
weiter	Radweg auf der B 256, 1,9 km folgen	30,29
weiter	Radweg auf der B 256, 940 m folgen	31,23
	Eich	**31,23**
weiter	Radweg auf der B 256, 750 m folgen	31,98
	Eulenbruch	**31,98**
weiter	Radweg auf der B 256, 1,7 km folgen	33,68
	Rosbach	**33,68**
links ab	auf Radweg an der Sieg, 30 m folgen	33,71
rechts ab	Radweg an der Sieg, 1,8 km folgen	35,51
rechts ab	auf B 256, 100 m folgen	35,61
links ab	Radweg auf der B 256, 930 m folgen	36,54
links ab	Waldbröler Str., 1,1 km folgen	37,64
Ziel	**Bahnhof Schladern**	**37,64**

n den kleinen Dörfern noch viel unterwegs: der fahrende Bäckereiladen. Das Stallgebäude rechts gehört zur Gedenkstätte „Landjuden an der Sieg"

Tipp – Essen und Trinken

Rosbach

Restaurant – Landgasthof „Zur Post"
Rathausstr. 13, Tel.: 02292-51 51, Fax: 02292-6 72 03, E-Mail: info@zur-post-windeck.de, www.zur-post-windeck.de
Öffnungszeiten: Mi. bis So. 10.30 bis 14.30 Uhr und ab 17.00 Uhr
Auf der überdachten Terrasse der ehemaligen Poststation haben wir gutbürgerlich zu Mittag gegessen. Wir fanden es gut und erschwinglich.

Waldbröl

Haus am Mühlenberg – Vierbuchermühle [s. Wegbeschreibung]
Tel.: 02291-70 52, Fax 02291-38 19, E-Mail: info@vierbuchermuehle.de, www.vierbuchermuehle.de
Auf der Terrasse des Hotel-Restaurants haben wir eine leckere „Forelle Müllerin" gegessen. Vielleicht war die ja aus dem hauseigenen Teich. Für Angelfreunde interessant: Am Fischteich kann man für 10 € pro Tag Forelle, Karpfen, Schleie, Wels und Stör fangen. Diesen Fisch bereitet man im Hotel auf Wunsch für Sie zu.

Sehenswürdigkeiten

Hamm (Sieg)

Deutsches Raiffeisenmuseum, Raiffeisenstr. 10
Betreuung des Museums und Führung durch die Ausstellung:
„Heimatfreunde im Hammer Land e.V."
www.deutsches-raiffeisenmuseum.de
Friedrich Wilhelm Raiffeisen wurde in Hamm/Sieg am 30. März 1818 als siebtes von neun Kindern des ersten preußischen Bürgermeisters Gottfried Raiffeisen und seiner Frau Amalia Susanne Maria, geb. Lanzendörffer, geboren. Er lebte dort bis zu seinem 17. Lebensjahr. In der Ortsmitte befindet sich die Raiffeisen-Säule, wo die einzelnen Lebensstationen dargestellt sind.

Waldschwimmbad „Thalhausermühle"
Öffnungszeiten: Mai bis Sept. von 10.00 bis 20.00 Uhr, **Infos**: www.hamm-sieg.de

Rosbach

Gedenkstätte „Landjuden an der Sieg", Bergstr. 9
Kontakt: Archiv des Rhein-Sieg-Kreises
Kaiser-Wilhelm-Platz 1 (Kreishaus), 53721 Siegburg
Tel.: 02241-13 29 28, Fax: 02241-13 32 71,
E-Mail: gedenkstaette@rhein-sieg-kreis.de
Öffnungszeiten: jeden Mi. von 14.00 bis 16.00 Uhr, jeden dritten So. im Monat von 14.00 bis17.00 Uhr
Eintritt: Einzelpersonen 2 €, Gruppen (ab 5 Personen) 1 €
Die Gedenkstätte wurde im Jahr 1994 eröffnet und gibt dem Besucher in einer umfangreichen Dauerausstellung einen Einblick in das Leben der jüdischen Gemeinde in der Siegregion. Untergebracht ist die Gedenkstätte im denkmalgeschützten 200 Jahre alten Wohnhaus des jüdischen Altwarenhändlers Max Seligmann, das der Familie noch bis 1961 als Wohn- und Arbeitsplatz diente.
In den elf Räumen des Fachwerkhauses und der im Original erhaltenen Werkstatt werden anhand umfangreichen Bild- und Textmaterials Kultur, Alltag, Religion aber auch Verfolgung und Vernichtung der Juden in der Region dokumentiert.

Schladern

Siegwasserfall [s. Tour 9]

Gedenkstätte „Landjuden an der Sieg" in Rosbach

Tour 6
Au - Altenkirchen - Au

Der Aufstieg nach Leuscheid

12 Prozent Steigung und trotzdem für Jedermann ein Genuss

Er ist weniger ein Auf-, als vielmehr ein Absteiger und er weiß es: mein Freund Roland. Fast 100 Kilo schwer und ungeübt auf dem Drahtesel – vermutlich wird er heute an der ersten härteren Steigung vom Rad herunter steigen müssen. An ihm testen wir, ob die Strecke schwer ist oder eher leicht. Vom **Bahnhof Au** geht es über **Eulenbruch** zur Siegbrücke in **Imhausen**. Dort werfen wir einen Blick auf den Fluss, der in einem Bogen daherfließt, gebettet in eine saftig grüne Aue, auf der die Pferde weiden.

Blick auf die Sieg bei Imhausen

Wir werden die Sieg erst am Ende unserer Tour wiedersehen, denn jetzt geht es erst einmal auf die Höhen um Leuscheid.
Roland und ich folgen dem Lauf des **Irsenbachs**. Einen schönen Eindruck dieses Tals bekommen wir, wenn wir uns kurz vor **Windeck-Ehrenhausen** auf eine kleine Brücke über den Bach begeben und zurückblicken auf den Ort **Dahlhausen**, der in saftigem Grün der Wiesen eingebettet daliegt – rechts fließt der Bach auf den Ort zu und links liegt die Baumallee, auf der wir fahren, und beide Linien ergeben eine reizvolle Perspektive zum Ort hin. Hinter Windeck-Ehrenhausen müssen wir rechts die leichte Steigung hinauf nach **Leuscheid** – Roland schwitzt, aber noch hat er keine Probleme, denn die Straße ist gerahmt von luftigen, zartgrünen Birken. Er ahnt noch nicht, was hinter der Kurve kurz vor Leuscheid steht: ein Verkehrsschild mit dem Hinweis „12 % Steigung"! Jetzt kommt es darauf an: Packt er es oder nicht? Ich nehme ein wenig den Gang raus und trete in die Eisen. Roland schaltet trotz meines guten Zuredens nicht – er bleibt im niedrigen, schwer zu tretenden Gang und ist gezwungen, am Berg auf einen höheren (leichteren) umzuschalten und seine Kilos fast aus dem Stand zu beschleunigen – das nimmt ihm die Luft, von der er überraschend viel zu haben scheint.
Nach 800 Metern ist der Anstieg vorbei. Ich erwarte Roland am Gipfel. Schnaubend kommt er hoch und schnappt nach der Wasserflasche – Respekt, ohne Training und ohne sehenswerte Bauchmuskulatur ist er nicht abgestiegen. Das konnte ich beobachten, denn die letzten 500 Meter des Streckenabschnitts gehen ganz gerade hoch. Da dies hier der härteste Punkt unserer Tour ist, wird auch der Rest für Freizeitfahrer und selbst für Familien gut zu bewältigen sein – auch wenn einige Fahrer bei 12 Prozent Steigung sicher lieber schieben sollten, damit sie den Rest der Fahrt besser genießen können.
In **Leuscheid** gönnen wir uns auf dem schön angelegten Platz in der Ortsmitte eine Pause. Er ist nach dem Fotografen August Sander benannt – einem begnadeten Porträtfotografen, der viel mit Modellen aus dem Westerwald arbeitete. Da Roland immer noch erschöpft ist, legen wir kurz darauf eine zweite Pause in der Nähe in **PeSo´s Landhaus** ein und fachsimpeln

Kloster Marienthal

Auf dem Leuscheid

mit dem radkundigen Wirt über unsere Tour. Roland stöhnt: Bis zum folgenden Gipfel sind es noch einmal vier Kilometer bergauf. Aber es ist gar nicht so schlimm, sondern ein moderater Anstieg, den selbst Roland gut wegsteckt.

Und dann kommt die Belohnung für den Schwergewichtler: Satte drei Kilometer geht es hinunter durch den Wald bis **Weyerbusch**, wo wir einen herrlichen Blick auf die hinter uns liegenden Höhenzüge des **Leuscheids** haben. Immer wieder erhaschen wir auf den folgenden Kilometern durch Felder und Wiesen eindrucksvolle Ansichten der Hochebene. Kurz vor **Helmenzen** können wir schon zwischen sanften Hügeln **Altenkirchen** sehen. Unser Weg führt uns durch die wunderbar angelegten Parkanlagen der Kreisstadt. Eine kleine Attraktion liegt im benachbarten **Hilgenroth** an der Tannenstraße: das **Café von Else Wirths**. Es sieht aus wie ein ganz normales Wohnhaus. Wer Frau Wirths nicht kennt, traut sich kaum, den Garten zu betreten, weil er eben wie ein Privatgrundstück aussieht. Aber dann verpasst er etwas, denn hier gibt es Kaffee und Kuchen vom Feinsten.

Endlich kann sich Roland so richtig beweisen, denn in Sachen Herrentorte kennt er sich aus und fährt mit vollem Magen und Glück im Mundwinkel neben mir den Bogen zum **Kloster Marienthal**, das mit seinen es umgebenden Fachwerkhäusern idyllisch im Tal liegt. Übrigens beginnt hier ein Pilgerweg: der **Marienwanderweg** von Marienthal nach Marienstatt in der „Kroppacher Schweiz". Die 24 Kilometer lange Strecke verbindet die beiden Klöster. Wir hingegen gehen die Reststrecke an, die uns in Raiffeisens Geburtsort **Hamm/Sieg** führt. Die Abfahrt auf der K 51/50 ist ein Genuss. Auch wenn es keinen Radweg gibt, fließt der Verkehr so spärlich, dass wir keine Gefahr sehen und endlich kommen Rolands Pfunde zum Einsatz, der mich spielend auf der Schussfahrt abhängt und sich einfach nicht mehr nach mir umschaut. Verräter! Schließlich rollt er bis nach **Au** durch und hat mich tatsächlich auf den letzten Kilometern abgehängt. Was wir heute gelernt haben: Wer zuletzt lacht, lacht am besten und wer zu wenig Herrentorte bei Frau Wirths isst, der hat am Ende keine Chance!

Kirche in Leuscheid

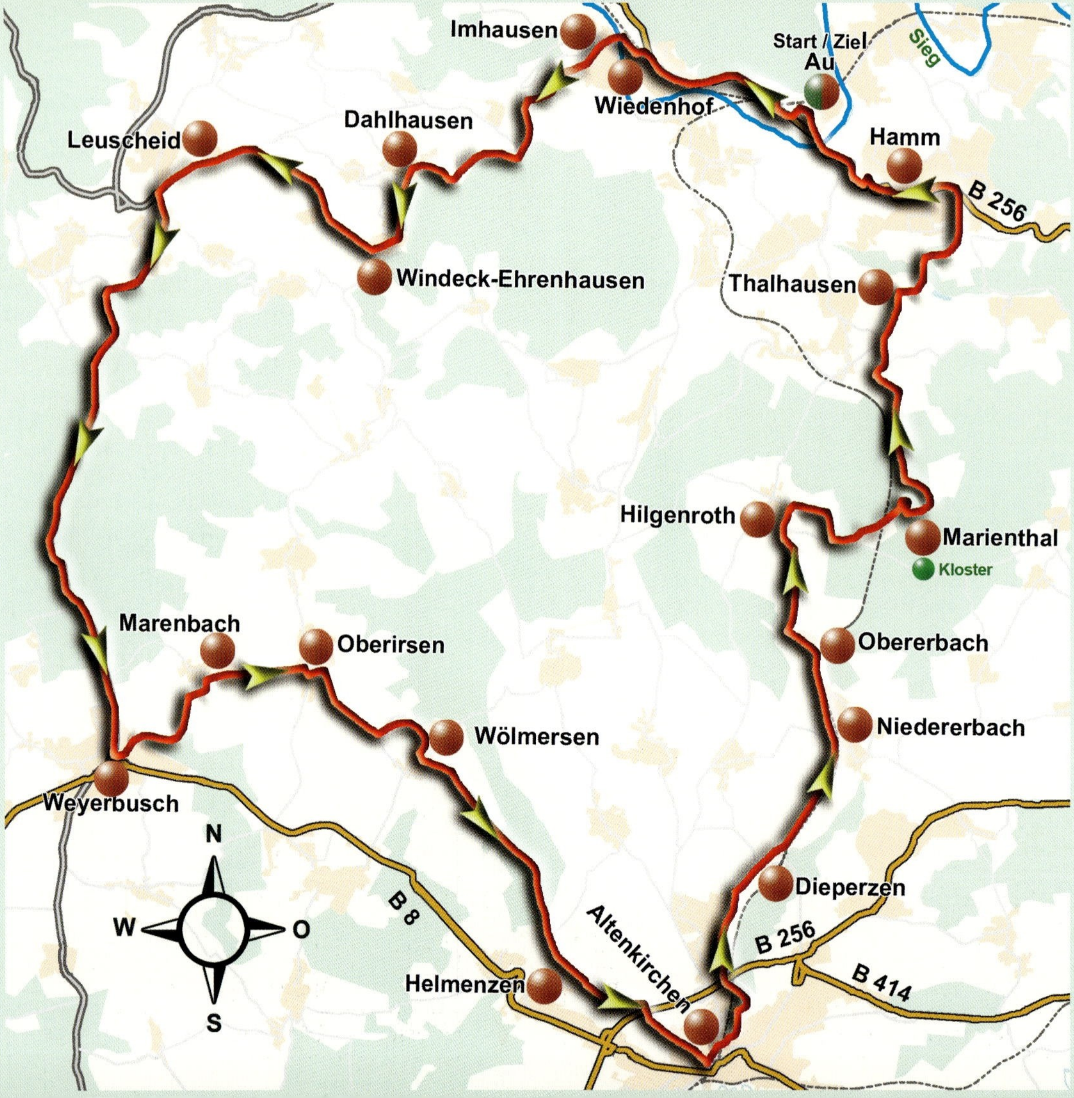
Imhausen
Start / Ziel
Au
Sieg
Wiedenhof
Dahlhausen
Leuscheid
Hamm
B 256
Windeck-Ehrenhausen
Thalhausen
Hilgenroth
Marienthal
Kloster
Marenbach
Oberirsen
Obererbach
Niedererbach
Wölmersen
Weyerbusch
N
W
O
S
B 8
Dieperzen
Altenkirchen
B 256
B 414
Helmenzen

Streckenführung

Legende: LWW = Landwirtschaftlicher Weg; R-/F = Rad-/Fußweg; WW = Waldweg

Start	**Bahnhof Au (Sieg)**	**0**
weiter	Bahnhofstr., 40 m folgen	0,04
rechts ab	Hohlweg, 170 m folgen	0,21
rechts ab	R-/F auf B 256, 1,7 km folgen	1,91
links ab	Dahlhausener Str., 120 m folgen	2,03
rechts ab	Dahlhausener Str., 200 m folgen	2,23
links ab	Dahlhausener Str., 240 m folgen	2,47
	Imhausen	**2,47**
weiter	Dahlhausener Str., 2,7 km folgen	5,17
	Dahlhausen	**5,17**
weiter	Landstr., 1,1 km folgen	6,27
	Windeck-Ehrenhausen	**6,27**
rechts ab	Landstr., 650 m folgen	6,92
weiter	Ehrenhausener Str., 1,5 km folgen	8,42
	Niederleuscheid	**8,42**
weiter	Ehrenhausener Str., 650 m folgen	9,07
	Leuscheid	**9,07**
links ab	Weyerbuscher Str., 700 m folgen	9,77
	PeSo´s Landhaus	**9,77**
weiter	Weyerbuscher Str., 640 m folgen	10,41

links ab	Weyerbuscher Str., 4,3 km folgen	14,71
weiter	Herchener Str., 840 m folgen	15,55
links ab	Siegstr./Auf der Huh, 1,7 km folgen	17,25
	Marenbach	**17,25**
weiter	Im Unterdorf/Schulstr., 750 m folgen	18,00
	Oberirsen	**18,00**
rechts ab	Irsertalstr., 100 m folgen	18,10
links ab	Kastanienweg, 190 m folgen	18,29
rechts ab	Wölmerser Str., 860 m folgen	19,15
links ab	Raiffeisenstr., 400 m folgen	19,55
rechts ab	Parkstr., 280 m folgen	19,83
	Wölmersen	**19,83**
weiter	Hauptstr., 110 m folgen	19,94
links ab	Helmenzer Weg, 30 m folgen	19,97
links ab	Helmenzer Weg, 2,6 km folgen	22,57
	Helmenzen	**22,57**
links ab	Gartenweg, 400 m folgen	22,97
links ab	Altenkirchener Weg, 680 m folgen	23,65
	Kreuzung B 256	
weiter	Driescheiderweg, 420 m folgen	24,07

	Altenkirchen	**24,07**
links ab	Driescheiderweg, 410 m folgen	24,48
links ab	Kumpstr., 170 m folgen	24,65
rechts ab	Bachstr., 230 m folgen	24,88
links ab	Dammweg, 100 m folgen	24,98
links ab	R-/F durch Park, 200 m folgen	25,18
rechts ab	R-/F durch Park, 700 m folgen	25,88
weiter	Heinestr., 1,0 km folgen	26,88
	Dieperzen	**26,88**
rechts ab	Dorfstr., 480 m folgen	27,36
weiter	Kobersteiner Weg, 990 m folgen	28,35
	Niedererbach	**28,35**
weiter	Hilgenrother Str., 1,0 km folgen	29,35
	Obererbach	**29,35**
links ab	Hilgenrother Str., 1,1 km folgen	30,45
rechts ab	Erbacher Str., 300 m folgen	30,75
	Hilgenroth	**30,75**
rechts ab	Erbacher Str., 80 m folgen	30,83
links ab	Marienthaler Str., 20 m folgen	30,85
rechts ab	Blumenstr., 220 m folgen	31,07
rechts ab	Tannenstr., 650 m folgen	31,72

	Café Wirths	**31,72**
links ab	Marienthaler Str., 1,2 km folgen	32,92
	Marienthal/Kloster Marienthal	**32,92**
links ab	Dorfstr., 220 m folgen	33,14
links ab	Dorfstr., 1,4 km folgen	34,54
weiter	Marienthaler Str., 700 m folgen	35,24
rechts ab	Poststr., 430 m folgen	35,67
	Thalhausen	**35,67**
weiter	Thalhauser Str., 1,2 km folgen	36,87
	Hamm (Sieg)	**36,87**
weiter	Jahnstr., 350 m folgen	37,22
links ab	B 256, 1,9 km folgen	39,12
	Au (Sieg)	**39,12**
rechts ab	Bahnhofstr., 300 m folgen	39,42
Ziel	**Bahnhof Au (Sieg)**	**39,42**

Streckencharakter

Schwierigkeitsgrad: mittelschwer
Die Tour hat einen welligen Verlauf, nur ein 800 Meter langer Anstieg mit 12 Prozent Steigung bei Leuscheid macht ein wenig Mühe.
Es geht über Bundes- und Landstraßen, kleine Ortsverbindungsstraßen, Fahrradwege und landwirtschaftliche Wege.
Familiengeeignet, denn die Bundesstraßen verfügen über Seitenstreifen und die Landstraßen sind wenig befahren.
Rennradgeeignet.

Streckenprofil

Tourlänge:	39,40 km
Min. Höhe:	ca. 126 m
Max. Höhe:	ca. 358 m
Ges. Aufstieg:	ca. 660 m
Ges. Abstieg:	ca. 660 m
Fahrzeit:	ca. 160 Min.

Höhenprofil

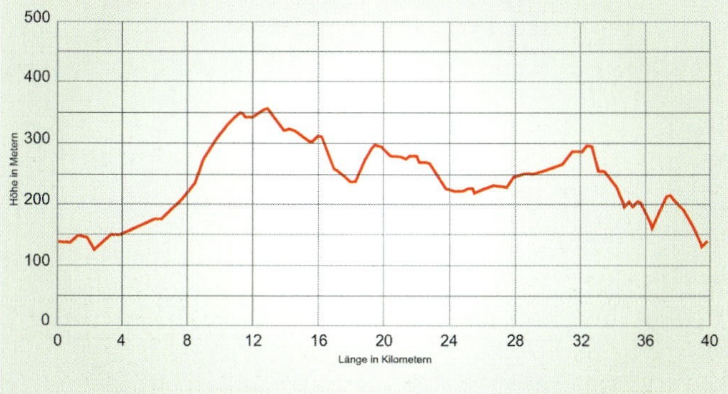

Hier ist die Welt noch in Ordnung: kurz vor Hilgenroth

Serviceteil Tour 6

PeSo`s Landhaus und Kloster Marienthal

Tipp – Essen und Trinken

Hilgenroth

Café Else Wirths, Tannenstr. 3, Tel.: 02682-37 63
Hier erhielten wir im gemütlichen Garten neben leckerem selbstgemachten Kuchen und Kaffee von der Wirtin wertvolle Tipps für den Besuch touristischer Highlights der Region.

Leuscheid

PeSo´s Landhaus, Weyerbuscher Str. 46, Tel.: 02292-30 26, Fax: 02292-21 80, E-Mail: pesos-landhaus@gmx.de, www.pesos-landhaus.de
Auf der Terrasse des Landhauses wurden wir zuvorkommend bedient und gerieten sofort mit dem Wirt in ein Fachgespräch übers Radfahren. Wir fanden es erhellend.

Sehenswürdigkeiten

Altenkirchen

Jamalas Abenteuer-Dschungel, Heinestr. 6, Tel.: 02681-95 04 26, Fax: 02681-75 57, www.abenteuer-dschungel.de
Öffnungszeiten: So. 11.00 bis 19.00 Uhr, Mi. und Do. 14.00 bis 19.00 Uhr
Eintritt: Kinder unter 2 Jahren frei, Kinder 2-16 Jahre 6 €, Erwachsene 2,50 € (inkl.1,50 € Verzehrgutschein)
Hallenspielplatz für Kinder mit verschiedenen Angeboten zum aktiven Indoor-Spielen.

Hamm (Sieg)

Deutsches Raiffeisenmuseum [s.Tour 5]

Helmenzen

Museumsscheune, an der Bundesstraße 8 bei Altenkirchen
Info: Arbeitskreis für Heimatgeschichte & Brauchtumspflege e.V., Zum Bornfeld 9, 52635 Wölmersen, Tel.: 02681-98 93 90
E-Mail: dieso @t-online.de, www.heimatgeschichte-ak.dieter-sommerfeld.com
Öffnungszeiten: Mai bis Okt. an Sonn- und Feiertagen von 14.00 bis 17.00 Uhr. Andere Termine, insbesondere für Schulklassen und Gruppen, sind auf Anfrage möglich.
Eintritt: frei
Die Museumsscheune zeigt alte Exponate und Gebrauchsgegenstände aus dem Westerwald. Hier erhalten Sie einen Einblick, wie die Menschen im Westerwald früher lebten und arbeiteten. Es gibt keine umfangreichen Beschilderungen. Man führt Sie rund und versucht Ihnen die Vergangenheit näher zu bringen. Wer will, der kann bei einer Tasse Kaffee und Kuchen oder auch einem kalten Getränk im Aufenthaltsraum weitere Gespräche führen.

Heupelzen bei Wölmersen

Raiffeisen-Aussichtsturm, www.vg-altenkirchen.de und www.heupelzen.de
Der 30 Meter hohe Holzturm eröffnet einen wunderschönen Weitblick über den Westerwald, das Siebengebirge und in das Siegerland.

Marienthal

Kloster Marienthal, Bildungswerk der Erzdiözese Köln in der Region Rheinland-Pfalz, Haus Marienthal, Am Kloster 15
www.erzbistum-koeln.de/bildungswerk/marienthal/index1.html
Das Katholische Bildungswerk ist eine staatlich anerkannte Einrichtung der Weiterbildung und unterstützt die Bildungsarbeit der Pfarreien, der kirchlichen Verbände und Institutionen.
Das Programmangebot umfasst Vorträge, Kurse und Seminare zu allen relevanten Themen der Erwachsenenbildung.
Marienwanderweg
Eine reizvolle Streckenwanderung, die das Kloster Marienstatt im Nistertal mit dem ehemaligen Kloster Marienthal verbindet. Zwischen beiden Klöstern pilgerten über Jahrhunderte hinweg die Wallfahrer zu den Orten der Marienverehrung. Eine Tageswanderung, die man von Marienstatt oder Marienthal aus beginnen kann.
Info: www.vg-altenkirchen.de

Weyerbusch

Raiffeisendenkmal; www.vg-altenkirchen.de
Von 1845-1848 war Friedrich Wilhelm Raiffeisen Bürgermeister in Weyerbusch. 1847 gründete er hier den „Brodverein" und legte damit den Grundstein für eine Idee, die um die Welt ging – die Genossenschaftsidee. Er lehrte so die Menschen, dass erfolgreiche Hilfe auf Dauer nur durch gemeinschaftliche Selbsthilfe wirksam sein kann: „Einer für alle, alle für einen." Zum Gedenken an 150 Jahre „Brodverein" wurde 1997 das Raiffeisendenkmal in Weyerbusch offiziell eingeweiht.
Ehemalige Raiffeisen-Bürgermeisterei und historisches Backhaus, Raiffeisenstraße 4 Tel.: 02662-96 12 20
Besichtigung der Bürgermeisterei nur nach Voranmeldung möglich. Besichtigung des Backhauses nur von außen möglich.

Fahrradservice

Altenkirchen
Zweirad Müller, Marktplatz 2, Tel.: 02681-98 95 60

Leuscheid
Fahrrad Hennen; Ulrich u. Edith Hennen, Weyerbuscher Str. 22, Tel.: 02292-36 29

Tour 7
Eitorf - Schladern - Eitorf

Häufiger Anblick: weidende Herde auf der Anhöhe

Achterbahnfahrt über die Sieghöhen

Es ist nur ein Katzensprung vom **Bahnhof Eitorf** bis nach **Köttingen**. Doch dann beginnt auf dem Weg nach Niederottersbach bei Kilometer vier schon das Tour-de-France-Feeling: Ein acht Kilometer langer Aufstieg liegt wie der K 2 vor uns. 240 Höhenmeter müssen in dem so beschaulichen und verträumten Waldgebiet überwunden werden. Hier gibt es einige kurze, giftige Rampen, die in die Beine gehen. Schämen Sie sich also nicht, sondern steigen Sie ruhig ab und an mal vom Drahtesel. Schließlich wollen Sie nicht den Rest der

Lohn des Aufstiegs: herrlicher Blick übers Land

Strecke auf Reserve fahren. Erstes Ziel dort oben ist die **Herchener Höhe** – eine kleine Ansammlung von Dörfern. Die hiesigen Bauern waren berühmt für ihre Unabhängigkeit. Mutig griffen sie 1795 einen Tross französischer Revolutionssoldaten an. Kurz vor dem höchsten Punkt der Tour gelangen wir in **Altenherfen** zum **„Landhaus Höhe"**, wo wir uns auf die Außenterrasse setzen und ein wenig die Beine baumeln lassen können – hier gibt es zu annehmbaren Preisen „das Einfache erstklassig".

Frisch gestärkt geht es noch einmal 1,7 Kilometer den Berg hoch – jetzt aber moderat –, bis die Straße endlich nach unten zeigt.

Geübte Fahrer können auf einer kleinen Landstraße hinab nach Wilberhofen schießen. Doch es sei gewarnt, denn es gibt nicht nur keinen Radweg, sondern auch noch extrem glatten Asphalt, der zum waghalsigen Heizen einlädt.

Wir nehmen da lieber den 500 Meter später links abgehenden Waldweg, der uns zunächst über Schotter, dann wieder über Asphalt sicher durch den dichten Wald nach Wilberhofen bringt. An einer Lichtung mit einem Hochstand sollten wir kurz anhalten und ruhig einmal hinaufsteigen: Der Förster hat von hier oben einen herrlichen Blick über das Rapsfeld und eine wunderbare Aussicht auf die Höhen des Windecker Ländchens. Und, der Hochstand ist einfach genial angelegt: Das Wild gerät hier in eine Falle, denn kaum angelockt vom Raps und dem frischen Grün, verliert das Tier jegliche Vorsicht und der schlaue Jäger schlägt zu.

Von nun an geht es bergab, die Beine erholen sich, tief und unangestrengt atmen wir die weiche Waldluft ein, bis wir in **Wilberhofen** einen kurzen Blick auf die Sieg erhaschen, um dann wieder in Richtung **Altwindeck** aufzusteigen. Aber halt! Zwei Kleinodien liegen am Wegesrand: die **Rochus**- und die **Adelgundis-Kapelle**. Vor allem letztere hat es in sich, denn die aus dem 15. Jahrhundert stammende Gebetsstätte beherbergt einen prunkvollen Barockaltar. In Altwindeck sollten wir das **Heimatmuseum** an der Straße „Im Thal Windeck" nicht verpassen, denn hier stehen im historischen Schulgebäude sowie in den beiden Fachwerkhäusern, der Scheune und den

Restaurierte Wassermühle hinter dem Heimatmuseum Windeck

Durchblick: unter dem Bogen der Eisenbahnbrücke

Interessierte Beobachter: Jungbullen am Weg

Mühlen einmal nicht die Großen der Geschichte im Vordergrund, sondern das Leben der kleinen Leute.

Ein Stück weiter sehen wir linker Hand eine **Wassermühle**, nach der wir, uns rechts haltend, zur **Burgruine Windeck** gelangen können (s. Ausflugsbeschreibung im Serviceteil). Dort haben wir einen grandiosen Blick über das Land. Genießen Sie den Aufenthalt, denn jetzt geht es nach **Höhnrath** hinauf, dem zweiten Gipfel- und Wendepunkt der Tour.

Oben angelangt entscheiden wir uns, ob wir ein Stück weiterfahren bis zur B 256, die uns nicht radweggeführt hinunter nach Schladern bringt, oder ob wir den sicheren aber nicht so schnellen Weg auf einer kleinen Landstraße nach rechts fahren, um mitten in Schladern zu landen. In **Schladern** angekommen, geht es erst einmal nach links über die Sieg zur **Wasserburg Mauel**, die eine Geschichte aufzuweisen hat, die bis ins Mittelalter zurückgeht. Im Bogen fahren wir dann am Schladerner **Siegwasserfall** vorbei zum Bahnhof, wo es dann über einen Bahntrassenweg wieder in Richtung **Dattenfeld** mit seinem berühmten **Siegtaldom** geht, der auf den beliebten Radweg an der Sieg mündet. Durch die hübschen Siegauen über die Blaue Brücke in **Hoppengarten** radeln wir über eine weitere Brücke wieder zum anderen Siegufer, wo uns der Radweg nach **Herchen** führt. Dort liegt mitten in einem sehenswerten Park das Ausflugslokal **„Löwenburg"** direkt am Fluss. Und wir merken uns: Beim nächsten Mal leihen wir uns an diesem wunderschönen Ort ein Boot, um einen Ausflug aufs Wasser zu wagen.

Schließlich erreichen wir das bei Anglern so beliebte **Stromberg**, von wo aus es immer am Fluss entlang geht, bis wir das **Wasserkraftwerk Unkelmühle** hinter uns haben. Erst in **Halft** überqueren wir wieder die Sieg und kehren vermutlich etwas erschöpft zum Ausgangspunkt in **Eitorf** zurück, denn diese Tour hatte es in sich.

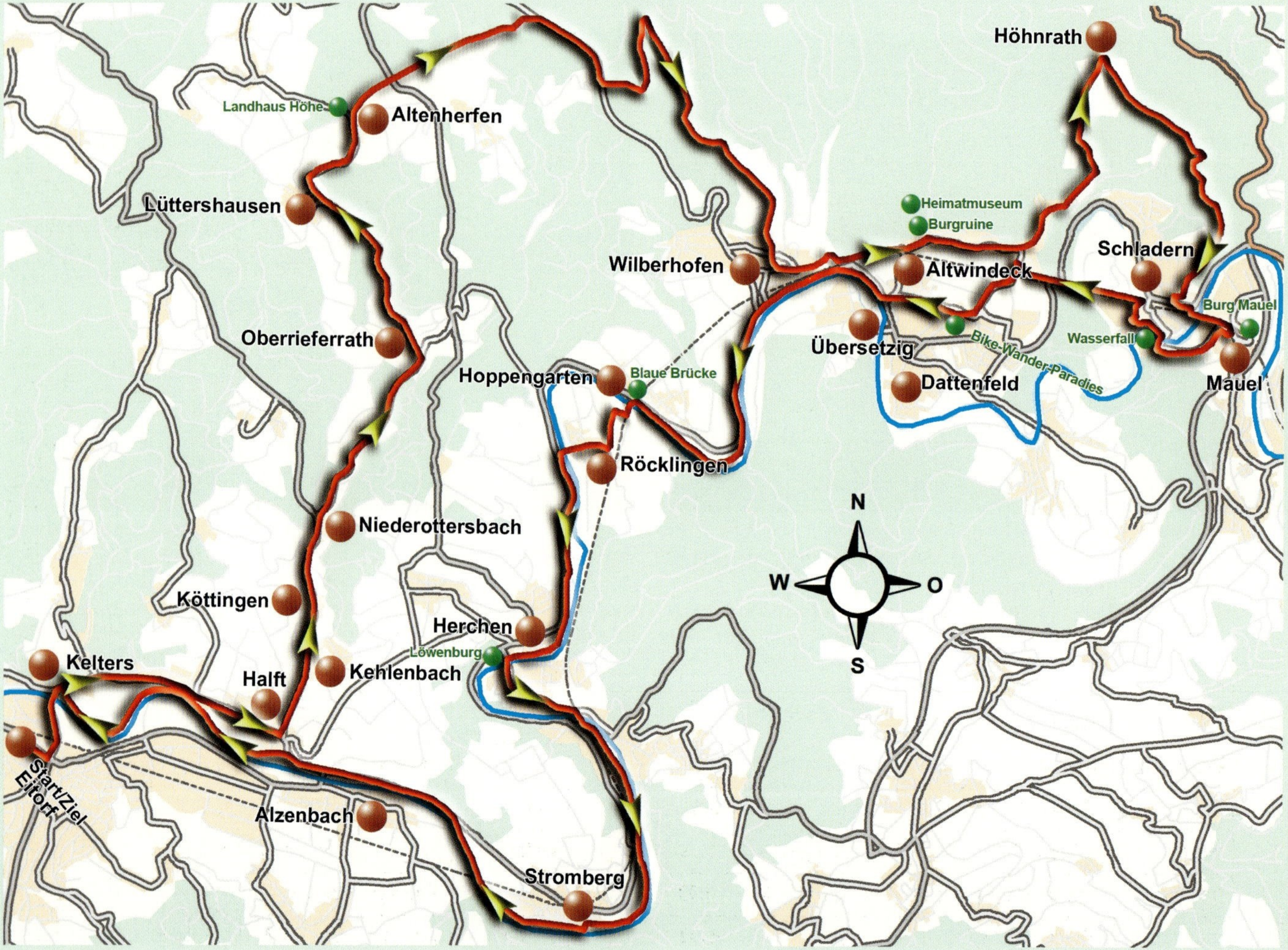
Höhnrath
Landhaus Höhe
Altenherfen
Lüttershausen
Heimatmuseum
Burgruine
Schladern
Wilberhofen
Altwindeck
Burg Mauel
Oberrieferrath
Übersetzig
Wasserfall
Bike-Wander-Paradies
Hoppengarten
Blaue Brücke
Dattenfeld
Mauel
Röcklingen
N
Niederottersbach
W
O
Köttingen
Herchen
S
Löwenburg
Kelters
Halft
Kehlenbach
Start/Ziel
Eitorf
Alzenbach
Stromberg

Streckenführung

Legende: LWW = Landwirtschaftlicher Weg; R-/F = Rad-/Fußweg; WW = Waldweg

Start	**Bahnhof Eitorf**	**0**
weiter	Poststr., 270 m folgen	0,27
links ab	Brückenstr. über die Sieg, 650 m folgen	0,90
rechts ab	Kelterser Str., 630 m folgen	1,53
weiter	Probacher Str., 660 m folgen	2,19
weiter	Halfter Str., 500 m folgen	2,69
	Halft	**2,69**
weiter	Halfter Str., 360 m folgen	3,05
links ab	Schönenberger Str., 280 m folgen	3,33
weiter	Ruppichterrother Str, 410 m folgen	3,74
	Kehlenbach	**3,74**
weiter	Ruppichterrother Str., 490 m folgen	4,23
	Köttingen	**4,23**
weiter	Ruppichterrother Str., 360 m folgen	4,59
weiter	Ottersbachtalstr., 450 m folgen	5,04
	Niederottersbach	**5,04**
weiter	geradeaus, kleine Str., 930 m folgen	5,97
	Ringenstellen	**5,97**
weiter	kleine Str. bis Kreuzung, 820 m folgen	6,79
links ab	Altenherfener Str., 140 m folgen	6,93
	Oberrieferath	**6,93**

weiter	Altenherfener Str., 220 m folgen	7,15
links ab	Altenherfener Str., 770 m folgen	7,92
weiter	Rieferrather Str., 1,4 km folgen	9,32
	Altenherfen	**9,32**
weiter	„Altenherfen", 430 m folgen	9,75
weiter	Römerstr., 1,8 km folgen	11,55
rechts ab	K 55, 860 m folgen	12,41
links ab	LWW, WW, 1,2 km folgen	13,61
weiter	Stürmerstr., 1,4 km folgen	15,01
rechts ab	Stürmerstr., 680 m folgen	15,69
rechts ab	Wilberhofener Str., 660 m folgen	16,35
	Wilberhofen	**16,35**
links ab	Engbachweg, 620 m folgen	16,97
	Bahnhof Dattenfeld	**16,97**
links ab	R-/F [Bahntrasse], 550 m folgen	17,52
weiter	Elisentalstr., 330 m folgen	17,85
	Altwindeck	**17,85**
weiter	„Zur Pulvermühle", 490 m folgen	18,43
weiter	„Im Thal Windeck", 540 m folgen	18,88
	Heimatmuseum	**18,88**
weiter	„Im Thal Windeck", 350 m folgen	19,23

	Historische Mühle	**19,23**
weiter	„Im Thal Windeck", 110 m folgen	19,45
links ab	Höhnrather Str., 140 m folgen	19,59
links ab	Höhnrather Str., 280 m folgen	19,87
links ab	Höhnrather Str., 1,1 km folgen	20,97
	Höhnrath	**20,79**
rechts ab	kleine Landstr., 2,4 km folgen	23,37
	Schladern	**23,37**
weiter	„Zum Sprietchen", 440 m folgen	23,81
links ab	„Auf der Teichhardt", 70 m folgen	23,88
links ab	„Auf der Teichhardt", 50 m folgen	23,93
links ab	Waldbröler Str., 170 m folgen	24,10
rechts ab	Elmoresstr., 70 m folgen	24,17
links ab	R-/F [Brücke], 260 m folgen	24,43
weiter	Preschlinallee, 130 m folgen	24,56
	Burg Mauel	**24,56**
zurück	Preschlinallee, 130 m folgen	24,69
links ab	Preschlinallee, 630 m folgen	25,32
rechts ab	Elmoresstr. [Brücke], 100 m folgen	25,42
links ab	R-/F, 270 m folgen	25,69
	Siegwasserfall	**25,69**

weiter	R-/F, 40 m folgen	25,73
rechts ab	R-/F, 70 m folgen	25,80
rechts ab	Schönecker Weg, 230 m folgen	26,03
links ab	über Bahngleise, 50 m folgen	26,08
links ab	Bahntrassenweg, 800 m folgen	26,88
weiter	L 333, 100 m folgen	26,98
weiter	„Burgwiese", 330 m folgen	27,31
links ab	„Im Dall", 180 m folgen	27,49
rechts ab	Windecker Str., 490 m folgen	27,98
	Altwindeck	**27,98**
rechts ab	Bergische Str., 200 m folgen	28,18
	„Bike-Wander-Paradies"	**28,18**
weiter	Bergische Str., 630 m folgen	28,81
	Dattenfeld	**28,81**
rechts ab	Radweg an der Sieg, 1,3 km folgen	30,11
	Wilberhofen	**30,11**
weiter	Radweg an der Sieg, 2,6 km folgen	32,71
	Blaue Brücke/Hoppengarten	**32,71**
links ab	über Brücke Weg 390 m folgen	33,10
links ab	Forellenweg, 230 m folgen	33,33
	Röcklingen	**33,33**

rechts ab	„Zur Ohmbach", 500 m folgen	33,83
	Brücke	**33,83**
links ab	L 333, 25 m folgen	34,08
links ab	R-/F an der Sieg, 2,2 km folgen	36,28
	Herchen/Löwenburg	**36,28**
links ab	„In der Au" [Brücke], 890 m folgen	37,17
rechts ab	Eisenbahnbrücke, 130 m folgen	37,43
links ab	„Igelshof", 60 m folgen	37,49
links ab	R-/F an der Sieg, 2,4 km folgen	38,89
	Stromberg	**38,89**
weiter	R-/F an der Sieg, 1,6 km folgen	41,49
	Wasserkraftwerk Unkelmühle	**41,49**
links ab	L 333, 1,7 km folgen	43,19
	Halft	**43,19**
links ab	„Im Müllenacker", 190 m folgen	43,38
links ab	„Zum Hängesteg", 120 m folgen	43,50
links ab	R-/F an der Sieg, 2,4 km folgen	45,90
links ab	Brückenstr., 700 m folgen	46,60
	Eitorf	46,60
rechts ab	Bahnhofstr., 260 m folgen	46,86
Ziel	**Bahnhof Eitorf**	**46,86**

Streckencharakter

Schwierigkeitsgrad: mittel
Der Weg führt über gut zu befahrene Landstraßen, ausgewiesene Radwege, teilweise geschotterte und asphaltierte Waldwege. Fahrerisch anspruchsvoll sind der acht Kilometer lange Aufstieg von Köttingen nach Altenherfen im ersten Drittel der Tour sowie ein vier Kilometer langer giftiger Aufstieg von Altwindeck nach Höhnrath. Eingeschränkt familientauglich, eingeschränkt rennradgeeignet.

Streckenprofil

Tourlänge:	47 km
Min. Höhe:	ca. 80 m
Max. Höhe:	ca. 326 m
Ges. Aufstieg:	ca. 700 m
Ges. Abstieg:	ca. 700 m
Fahrzeit:	ca. 180 Min.

Höhenprofil

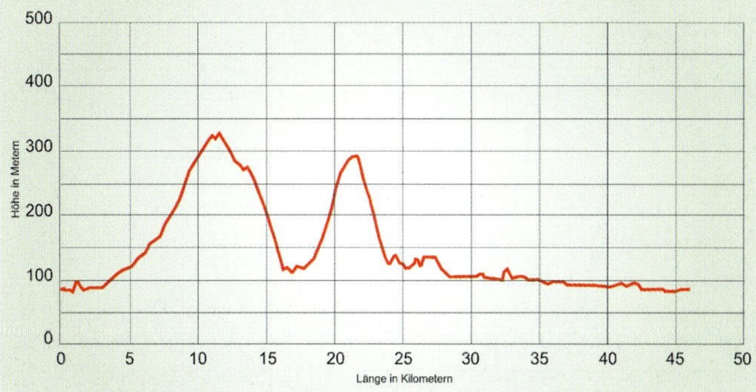

Familienvergnügen: Baden im Siegwasserfall von Schladern und dann sein Getränk genießen im Biergarten der Burg Mauel

Tipp – Essen und Trinken

Altenherfen

Landhaus Höhe; Altenherfen 5, Tel.: 02295-51 46, Fax: 02295-57 70, E-Mail: info@landhaus-hoehe.de, www.landhaus-hoehe.de
Öffnungszeiten: Mi. und Do. ab 17.00 Uhr, Fr., Sa. und So. ab 11.00 Uhr, Mo. und Di. Ruhetag, feiertags ab 11.00 Uhr
Klasse Restaurant zum „gut Essen gehen", aber auch bestens geeignet für die Rast nach dem anstrengenden Aufstieg. Wir ließen es uns auf der großen Terrasse des Landhauses richtig gut gehen.

Mauel

Burg Mauel; Prechlin-Allee 25, Tel.: 02292-65 40 [s. Wegbeschreibung]
Öffnungszeiten: Mi. bis Sa. ab 17.00 Uhr, Sa. ab 15.00 Uhr, So. und feiertags ab 10.00 Uhr, Mo. und Di. Ruhetag
An der alten Burg ist ein großer Biergarten eingerichtet, in dem wir an einem wirklich heißen Tag unter den großen Sonnenschirmen ein „lecker Bierchen" tranken.

Sehenswürdigkeiten

Dattenfeld

Siegataldom – St- Laurentius, Auf der Hecke 3
Anstelle eines abgerissenen romanischen Vorgängerbaus, wurde die Pfarrkirche 1879/80 als zweitürmige Kirche im neuromanischen Stil errichtet. Einzig die beiden Geschosse des Nordturmes stammen noch von der alten Pfarrkirche aus dem 12./13. Jahrhundert. Im Zuge der Neuerrichtung wurde der Nordturm aufgestockt. St- Laurentius ist die einzige doppeltürmige Kirche im Rhein-Sieg-Kreis und wird deswegen auch „Siegtaldom" genannt.

Altwindeck

Heimatmuseum Windeck; Im Thal Windeck 17, 51570 Windeck, Tel.: 02292-38 88 oder 02292-194 33, E-Mail: info@heimatmuseum-windeck.de, www.heimatmuseum-windeck.de
Öffnungszeiten: 1. Apr. bis 30. Nov.: Sa., So. und feiertags 14.00 bis 18.00 Uhr
Eintritt: Erwachsene 3 €, Kinder 1,50 €, Gruppen / Familien: Sonderpreis
Wie lebten die einfachen Leute auf dem Land? Im Heimatmuseum, das in einem alten Schulgebäude untergebracht ist, wird die Geschichte lebendig. Das Museum birgt eine Vielzahl kulturhistorisch bedeutsamer Ausstellungsstücke aus der Heimatgeschichte der Region. Eine alte Scheune und zwei alte Mühlen sind ebenfalls auf dem Museumsgelände zu bestaunen.

Eitorf

Skulpturengarten Vetere und Galerie Incontro, Schümerichstr. 1, Tel.: 02242-84 00 86
Öffnungszeiten: nach Vereinbarung
Eintritt: frei
Der Skulpturengarten, im Ortszentrum Eitorfs gelegen, beinhaltet Exponate des international bekannten Malers und Bildhauers Giovanni Vetere sowie Wechselausstellungen der Galerie Incontro. Das Atelier sowie die Räume der Galerie befinden sich in der nebenan gelegenen historischen Alten Zigarrenfabrik.

Halft

Halfter Hängebrücke
1946 im Rahmen der Nachbarschaftshilfe von den Anliegern mit damals organisierbaren Teilen selbst erbaut, die Drahtseile stammen z.B. von einer alten Seilbahn.

Mauel

Burg Mauel [s. S. 70 und Wegbeschreibung]
Besichtigung: Mi. bis Sa. ab 17.00 Uhr, sonn- und feiertags ab 10.00 Uhr
Erstmalig wurde die Wasserburg in der zweiten Hälfte des 15. Jahrhunderts erwähnt. Ursprünglich hatte die Burg einen quadratischen Grundriss, der später nach Westen erweitert wurde. Wie fast alle festen Häuser im Windecker Raum ist es aus dem zum Teil reichlich vorkommenden Grauwacke-Bruchsteinen errichtet worden. Heute ist das Burghaus Mauel liebevoll und stilgerecht restauriert worden und beherbergt ein Weinlokal und einen Biergarten.

Blick auf die Burg Mauel

Schladern

Siegwasserfall [s. Wegbeschreibung]
Im Zuge des Eisenbahnbaus 1857-58 wurde anstelle von aufwendigen Brücken die Sieg bei Stein durchbrochen und in ihr jetziges Flussbett umgeleitet. Bei Schladern entstand ein Wasserfall über mehrere Stufen mit einer Falltiefe von vier Metern bei einer Breite von 84 Metern.

Burgruine Windeck

Die Burgruine, das Wahrzeichen des Windecker Ländchens, liegt auf ca. 210 m über N.N. im Siegtal und bietet von dort aus einen wunderschönen Blick. Erstmals 1174 urkundlich erwähnt, diente die ehemals imposante Burganlage als Grenzfeste der Grafen von Berg gegen die Grafen von Sayn (Homberg) und die Herren von Blankenberg. Zerstörungen erlitt sie im Dreißigjährigen Krieg und im Jahre 1860 durch die Franzosen. Danach wurde sie dem Zerfall überlassen, bis in den 1960er Jahren mit der Restaurierung begonnen wurde. Heute gehört die Burgruine dem Rhein-Sieg-Kreis der umfangreiche archäologische Grabungen und Konservierungsmaßnahmen durchführt.

Wegbeschreibung

Fahren Sie bei Kilometer 19,45 der eigentlichen Tour (rot) die Straße „Im Thal Windeck" geradeaus weiter (gelb), folgen ihr ca. 100 Meter und biegen dann rechts ab in die Straße „An der Burgruine", der sie ca. 210 Meter folgen. Am Ende der Straße beginnt der Aufstieg zur Burg.

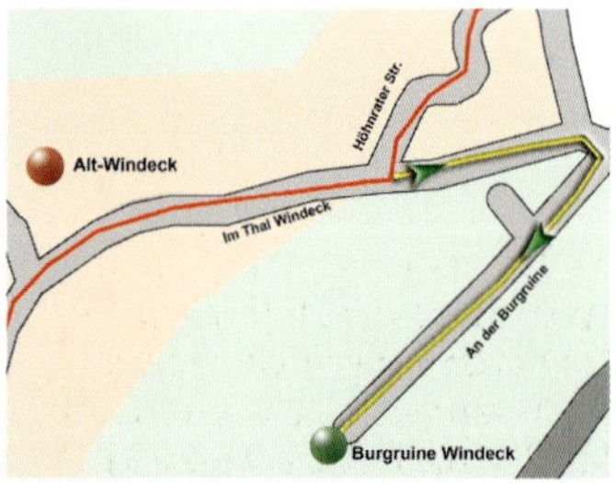

Fahrradservice

Dattenfeld

Bike-Wander-Paradies, Bergische Str. 4
Tel.: 02292-25 05, Fax.: 02292-91 15 87
E-Mail: bhoeffer@web.de, www.bikewanderparadies.de
Hier werden neben einem Reparaturservice auch geführte Rad- und Wandertouren angeboten und man kann sich, falls man einen oder mehrere Tage im Ländchen verweilen will, eine Nichtraucher-Ferienwohnung mieten.

Eitorf

Zweirad Viehof, Siegstr. 77, Tel.: 02243-26 38, E-Mail: viehof@web.de
Lukas Fahrräder, Hardtstr. 1, Tel.: 02243-36 94
E-Mail: lukas-fahrraeder@web.de

Tour 8
Schladern - Bröltal - Schladern

Die Blaue Brücke bei Hoppengarten

Ein Idyll zwischen Löwenzahn und Abschussrampen

Die Tour ist etwas für Ausdauerfahrer – und nicht gerade familienfreundlich: Denn es liegen gut 60 Kilometer vor uns. Wir umfahren in einem großen Bogen Ruppichterroth über die Höhen der Nutscheid, die das Siegtal vom Bergischen Land trennen. Einige Leute sagen, die Nutscheid sei sogar die Grenze zwischen zwei Kulturen. Die Menschen im Bergischen, so erklärte es uns ein Freund, der die Gegend wie seine Westentasche kennt, seien eher verschlossen, während die Leute im Siegtal eher rheinisch-offen sein sollen. Na, ob da was dran ist?
Doch fahren wir erst einmal vom **Bahnhof Schladern** los und erkunden die wunderschöne Gegend. Richtung Waldbröl geht es über

Weidelandschaft in Hahn

Gierzhagen, **Rommen** und **Schönenbach** gleich richtig bergauf (fünf Prozent Steigung), bis wir kurz vor **Waldbröl** mit 339 Metern den höchsten Punkt erreicht haben. Der Aufstieg lohnt sich, denn nach einer sehr schönen Höhenstraße kommen wir nach **Hahn**, wo wir anhalten sollten. Der Ort ist so hübsch gelegen, dass man sich kaum sattsehen kann an der Landschaft: weitläufige Wiesen, Millionen von Pusteblumen und Löwenzahn, weidende Ziegen und Kühe. Wunderschöne, solitär stehende, uralte Bäume und Baumgruppen bilden hier auf der sanft auf- und absteigenden Höhe ein beruhigendes, unglaublich ausgewogenes Bild.

Auch sonst haben wir auf der Höhenstraße fantastische Ausblicke auf das südliche Bergische Land und das Siegtal mit den dahinter liegenden Anhöhen. Hier ist auch der anfangs erwähnte **Nutscheid**, der Höhenzug zwischen den Flüssen Sieg und Bröl.

Bereits zu Zeiten der Römer führte ein Handelsweg von Köln über Siegburg durch den Nutscheid weiter ins Siegerland. Neben der wirtschaftlichen Nutzung des Waldes wurden hier seit dem Mittelalter Erze abgebaut und an den Bächen des Nutscheids Holzkohle verhüttet. Ein etwas ungewöhnliches Ausflugsziel ist das Windecker Hochgericht: der Galgenplatz „Drei Eichen". Er wurde bis ins 19. Jahrhundert genutzt. Durch seine Platzierung direkt an einer damals viel befahrenen Überlandstraße sollte „zwielichtiges Volk" abgeschreckt werden. Noch ungewöhnlicher ist eine andere „Attraktion", die nicht gerade zum Ruhm der Landschaft gereichte: Während des Zweiten Weltkriegs befanden sich hier Abschussrampen für V1-Raketen. Die Standorte waren Hatterscheid, Kuchem, Wingenbach – alle Ruppichterroth zugehörig – und Eitorf-Rankenhohn. Von dort wurde vom 11. oder 12. Februar bis zum 18. März 1945 die Stadt Antwerpen beschossen. Nach Kriegsende wurden die Anlagen von britischen Truppen zerstört und 2006 die Reste (Bodenplatten und Wasserbecken) unter Denkmalschutz gestellt. Für das Militär scheint der Landstrich von besonderer Bedeutung zu sein, denn während des Kalten Krieges stationierten die USA Patriot-Raketen in dem Waldgebiet. Sie wurden nach dem Zusammenbruch der Sowjetunion wieder abge-

Sanfter Fluss: die Sieg bei Hoppengarten

Frühling im Tal des Ottersbachs

zogen, die ehemals amerikanische Militärbasis mit ihrem hohen Observationsturm ist jedoch heute noch vorhanden.
Hinter **Oberelben** beginnt nach 20 Kilometern der Abstieg über **Alsbach** und **Niederbreidenbach**. Als hätte die Gegend nicht schon genug Bezugspunkte zu Krieg und Tod, so wurde ausgerechnet in dem beschaulichen Ort Niederbreidenbach Robert Ley, der Leiter der Deutschen Arbeiterfront im Dritten Reich, geboren. Beim Nürnberger Kriegsverbrecherprozess war er als einer der Hauptkriegsverbrecher angeklagt. Der drohenden Strafe entzog er sich jedoch, indem sich der Verbrecher in seiner Gefängniszelle erhängte. Wenn wir so durch die Landschaft radeln, ist es interessant, sich vor Augen zu halten, wie sehr die beschauliche Natur manchmal in die Niederungen der menschlichen Seele hineingerissen wird, wie Orte und Regionen plötzlich in ein anderes Licht getunkt werden.
Unser Weg führt uns hinab nach **Bröl**, von wo aus wir dem Fluss auf einem hervorragend ausgebauten Radweg folgen. Die Bröl fließt durch eine Wald- und Auenlandschaft; immer wieder blitzt die Sonne durch die Baumwipfel hindurch und zaubert Reflexe auf das schnell fließende Wasser. In Bröleck verlassen wir das Tal und gelangen nach **Niederottersbach**, wo wir nach gut 30 Kilometern einen kurzen Halt in der **Ottersbacher Mühle** einlegen sollten. Das Balkanrestaurant, wo wir im Biergarten ein wenig die Beine baumeln lassen können, ist bekannt für seine großen und leckeren Portionen und obendrein ein beliebter Treffpunkt der Motorradfahrer.
In **Halft** stoßen wir wieder auf die Sieg und gelangen alsbald nach **Stromberg**. Der Ort ist berühmt für seine Uhren, denn schon im 18. Jahrhundert entwickelte sich dort eine Uhrmacherzunft, deren Standuhren teilweise in Schloss Homburg ausgestellt sind, oft aber auch in Privatsammlungen stehen. Die Uhren wurden bis ins Rheinland und nach Hachenburg verkauft. Weiter geht es in **Herchen** auf einer der schönen alten Eisenbahnbrücken über den Fluss, um später in **Hoppengarten** auf einer großzügig angelegten blauen, stählernen Fußgänger- und Radfahrerbrücke wieder die Sieg zu überqueren. Das Nächste, was uns ins Auge fällt, ist der **Siegtaldom von Dattenfeld**. Wir genießen die Einheit von Landschaft und Kultur und radeln immer durch die Siegauen am Fluss entlang zurück zu unserem Ausgangspunkt **Schladern**. Dort angekommen sind wir zwar erschöpft, aber wir haben auch ein Stück Geschichte erlebt, das nun gar nicht zu der idyllischen Natur hoch oben auf dem Nutscheid passt.

Pusteblumen satt

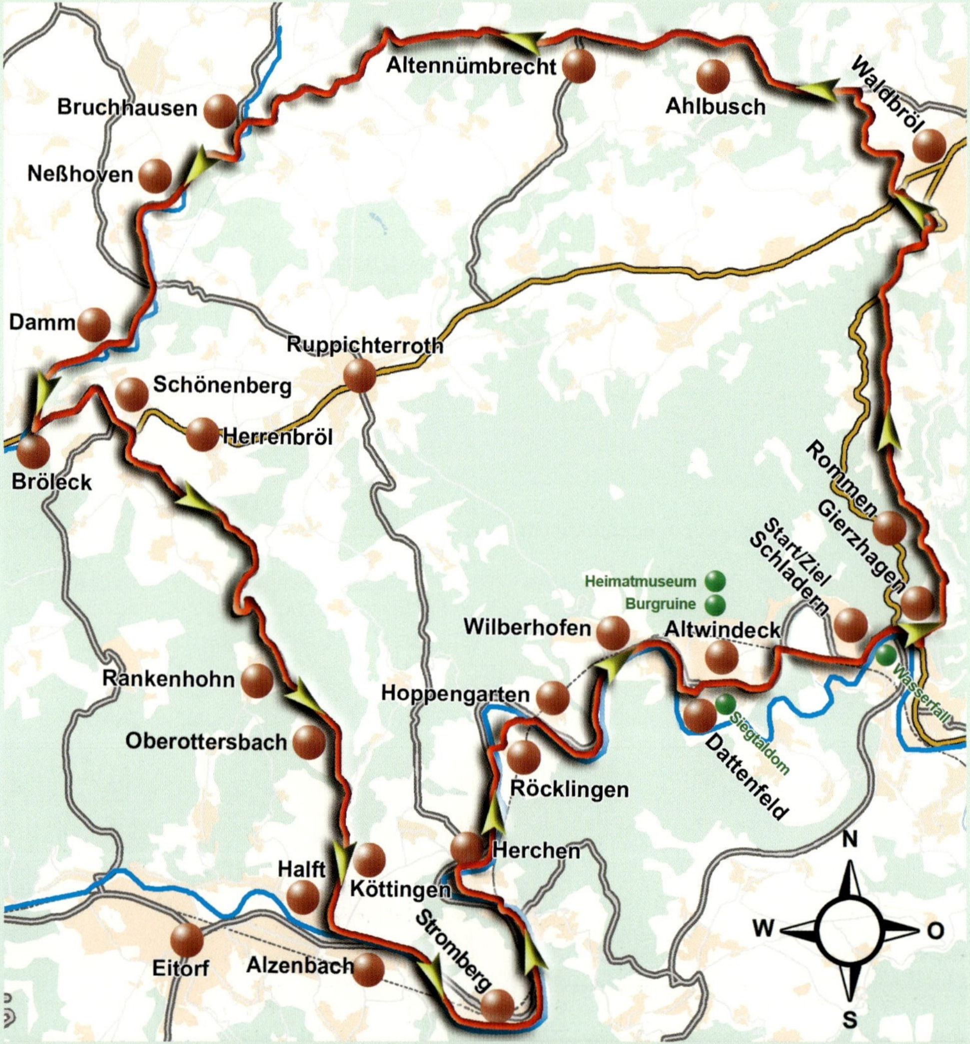
Altennümbrecht
Ahlbusch
Waldbröl
Bruchhausen
Neßhoven
Damm
Ruppichterroth
Schönenberg
Herrenbröl
Bröleck
Rommen
Gierzhagen
Start/Ziel
Schladern
Heimatmuseum
Burgruine
Wilberhofen
Altwindeck
Wasserfall
Rankenhohn
Hoppengarten
Siegtaldom
Dattenfeld
Oberottersbach
Röcklingen
Herchen
Halft
Köttingen
Stromberg
Eitorf
Alzenbach
N
W
O
S

Streckenführung

Legende: LWW = Landwirtschaftlicher Weg; R-/F = Rad-Fußweg; WW = Waldweg

Start	**Bahnhof Schladern**	**0**
weiter	Waldbröler Str., 360 m folgen	0,36
links ab	Waldbröler Str., 770 m folgen	1,13
rechts ab	B 256 [Radweg], 510 m folgen	1,64
links ab	Gierzhagener Str., 910 m folgen	2,55
	Gierzhagen	**2,55**
weiter	Rommener Str., 1,1 km folgen	3,65
rechts ab	Helzener Str., 370 m folgen	4,02
	Rommen	**4,02**
links ab	Schönenbacher Str., 330 m folgen	4,35
	Kreuzung	
rechts ab	Schönenbacher Str., 530 m folgen	4,88
weiter	Rommener Str., 310 m folgen	5,19
rechts ab	Rommener Str., 560 m folgen	5,75
	Schönenbach	**5,75**
weiter	Schönenbacher Str., 540 m folgen	6,29
	Seifen	**6,29**
weiter	Schönenbacher Str., 1,5 km folgen	7,79
rechts ab	B 256, 1,5 km folgen	9,29
	Waldbröl	
links ab	Kapellenweg, 150 m folgen	9,44

links ab	Kapellenweg, 690 m folgen	10,13
links ab	Brölstr., 150 m folgen	10,28
rechts ab	Talstr., 670 m folgen	10,95
links ab	Bohlenhagener Str., 570 m folgen	11,52
	Bohlenhagen	**11,52**
rechts ab	„Bomers Garten", 630 m folgen	12,15
	Hahn	**12,15**
weiter	„Thilges Weiher", 150 m folgen	12,30
links ab	„In der Kehre", 150 m folgen	12,45
rechts ab	Hohlweg, 190 m folgen	12,64
links ab	Hohlweg, 70 m folgen	12,71
links ab	L 38, 2,3 km folgen	15,01
	Wirtenbach	**15,01**
weiter	L 38, 740 m folgen	15,75
rechts ab	L 38, 2,1 km folgen	17,85
	Altennümbrecht	**17,85**
weiter	L 38, 1,5 km folgen	19,35
	Oberelben	**19,35**
links ab	K 55, 100 m folgen	19,45
rechts ab	L 38, 2,5 km folgen	21,95
	Niederbreidenbach	**21,95**

weiter	L 38, 1,9 km folgen	23,85
	Röttgen (Bröl)	**23,85**
links ab	L 350, Radweg Bröltal, 1,1 km folgen	24,95
	Bröl	**24,95**
weiter	L 350, Radweg Bröltal, 1 km folgen	25,95
	Neßhoven	**25,95**
weiter	L 350, Radweg Bröltal, 4,8 km folgen	30,75
	Bröleck	**30,75**
links ab	B 478, 2,1 km folgen	32,85
	Schönenberg	**32,85**
rechts ab	L 317, 8,0 km folgen	40,85
	Niederottersbach	**40,85**
weiter	L 317, 770 m folgen	41,62
	Köttingen	**41,62**
weiter	L 317, 500 m folgen	42,12
	Kehlenbach	**42,12**
weiter	L 317, 690 m folgen	42,81
	Halft	**42,81**
links ab	L 333, 1,9 km folgen	44,71
	Wasserkraftwerk Unkelmühle	**44,71**
rechts ab	Radweg an der Sieg, 1,6 km folgen	46,31

	Stromberg	**46,31**
weiter	Radweg an der Sieg, 2,4 km folgen	48,71
links ab	„Igelshof", 60 m folgen	48,77
rechts ab	Eisenbahnbrücke, 130 m folgen	48,90
links ab	In der Au, 900 m folgen [Brücke]	49,80
	Herchen/Löwenburg	**49,80**
rechts ab	Radweg an der Sieg, 2,2 km folgen	52,00
rechts ab	„Zur Ohmbach" [Brücke], 250 m folgen	52,25
	Röcklingen	
links ab	kleine Str., 240 m folgen	52,49
rechts ab	Röcklinger Ufer, 200 m folgen	52,69
rechts ab	kleine Str., 60 m folgen	52,75
links ab	LWW, 360 m folgen	53,11
links ab	Blaue Brücke, 70 m folgen	53,81
	Hoppengarten	
rechts ab	Radweg an der Sieg, 3,3 km folgen	56,48
	Wilberhofen	**56,48**
weiter	Radweg an der Sieg, 980 m folgen	57,46
	Dattenfeld	**57,46**
links ab	„Im Unken", 140 m folgen	57,60
rechts ab	L 333 (Hauptstr.), 320 m folgen	57,92

rechts ab	L 333 (Hauptstr.), 1,1 km folgen	59,00
weiter	L 333, 710 m folgen	59,71
rechts ab	Bahntrassenweg, 700 m folgen	60,41
	Schladern	**60,41**
rechts ab	Steiner Weg, 120 m folgen	60,53
links ab	Elmoresstr., 40 m folgen	60,57
rechts ab	L 333, 120 m folgen	60,69
Ziel	**Bahnhof Schladern**	**60,96**

Streckencharakter

Schwierigkeitsgrad: mittelschwer
Die gesamte Strecke ist asphaltiert oder gut befestigt und ist trotz Radwegen auch für ein Rennrad gut zu fahren. Alternativ kann man im Siegtal fast parallel zum Radweg die Straße entlangfahren. Mehr Genuss bringt aber der Radweg. Familientauglich.

Streckenprofil

Tourlänge:	61 km
Min. Höhe:	ca. 87 m
Max. Höhe:	ca. 330 m
Ges. Aufstieg:	ca. 871 m
Ges. Abstieg:	ca. 871 m
Fahrzeit:	ca. 240 Min.

Höhenprofil

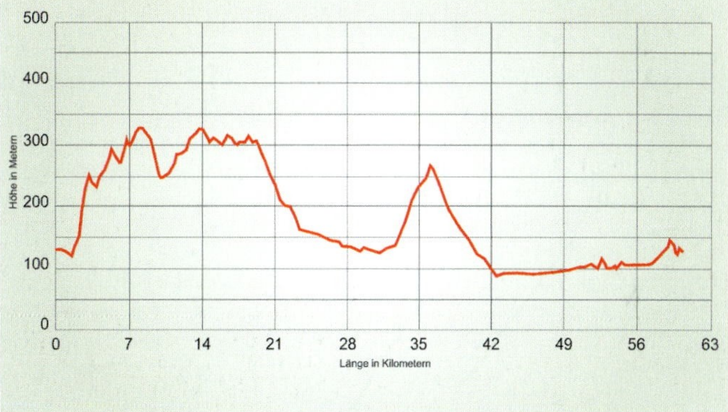

Serviceteil Tour 8

Alte Mühle in Altwindeck und das Restaurant Ottersbacher Mühle

Tipp – Essen und Trinken

Herchen

Parkhotel Löwenburg, In der Au 7, Tel.: 02243-25 25
Dem schönen alten Parkhotel Löwenburg an der Sieg gab ein gewisser Dr. Löwe seinen Namen, der hier im Jahre 1902 ein Sanatorium einrichtete – Vergangenheit. Heute sitzt man locker und gemütlich auf der großen Terrasse des Restaurants und genießt seinen Nachmittagskaffee oder auch sein wohlverdientes Bier mit herrlichem Blick auf die Sieg.

Niederottersbach

Ottersbacher Mühle, Zum Mühlenberg 1, Tel.: 02243-809 32
Direkt neben unserem Fahrweg gelegen fanden wir den (Motorrad-) Bikertreff im schönen Tal des Ottersbachs. Auf der Terrasse zwischen Motorradfahrern in schwerer Ledermontur schätzten wir uns in unserer dem Wetter angepassten, leichten Radlerkluft glücklich und ließen uns den guten alten Cevapcici des preiswerten Balkanrestaurants munden.

Sehenswürdigkeiten

Altwindeck

Heimatmuseum Windeck [s. Tour 7]
Burgruine Windeck [s. Tour 7]

Dattenfeld

Siegtaldom [s. Tour 7]

Eitorf

Skulpturengarten, Atelier Vetere und Galerie Incontro [s. Tour 7]

Halft

Halfter Hängebrücke [s. Tour 7]

Herrenbröl

Burgruine Herrenbröl, an der B 478 von Hennef nach Ruppichteroth in der Ortschaft Herrenbröl gelegen.
Die Burgruine ist frei zugänglich und jederzeit zu besichtigen.
Die Geschichte der Burg liegt weitestgehend im Dunklen. Die Anlage wurde wohl schon im 13. Jahrhundert als Rittersitz erbaut. Aus dieser Zeit stammen noch wenige Reste wie beispielsweise der Burgbrunnen.

Nutscheid

Der Nutscheid, gelegentlich hört man auch das oder die Nutscheid, bezeichnet einen bewaldeten Höhenzug zwischen den Flüssen Sieg und Bröl. Mit einer Fläche von ca. 1500 Hektar ist er eines der größten Forstgebiete im Bergischen Land. Um das Siegerland mit dem Rheinland zu verbinden, führte schon zu Zeiten der Römer ein Handelsweg durch das Gebiet des Nutscheid. Dominiert heute vorwiegend die forstwirtschaftliche Nutzung, wurden seit dem Mittelalter in dem Gebiet auch Erze abgebaut und verhüttet. Eine militärische Nutzung erfuhr das Gebiet gegen Ende des Zweiten Weltkriegs, denn drei Abschussrampen für V1-Raketen befanden sich im Nutscheid. Nach Kriegsende wurden die Anlagen von britischen Truppen zerstört und 2006 die Reste unter Denkmalschutz gestellt.
Zurzeit in Umsetzung befindet sich das Projekt „Naturerlebnis Nutscheid". Auf einem ca. 7,5 Hektar großen Areal am Rande der Stadt Waldbröl entsteht ein Naturerlebnispark mit einem Informations- und Bildungszentrum, einem globalen Dorf mit Baumhäusern, Höhlen- und Heckenlabyrinthen sowie einem angegliederten 350 Meter langen Baumwipfelpfad mit Aussichtsplattform.

Schladern

Siegwasserfall [s. Tour 7]

Schönenberg

Katholische Pfarrkirche „St. Maria Magdalena", Am Kirchberg 2
Die Kirche ist 1517 errichtet und 1876 im neugotischen Stil neu aufgebaut. Sie beherbergt eine Marienfigur aus der Zeit von Anfang des 16. Jahrhunderts.

Waldbröl

Sehenswert: die **Altstadt** mit einem hohen Anteil in den letzten Jahren renovierter Bausubstanz.

„Die Mauer", befindet sich am Stadtrand hinter dem Friedhof.
Die als Teil der nie fertiggestellten „Adolf-Hitler-Schule" gedachte Mauer im Süden Waldbröls bietet einen sehr guten Blick auf die Stadt.

Vieh- und Krammarkt
Der traditionsreiche und Vieh- und Krammarkt war ursprünglich ein reiner Viehmarkt, für die Bauern in den verstreut liegenden Landgemeinden die einzige Möglichkeit, ihr Vieh zentral an einen Viehhändler zu verkaufen.
Nach dem Zweiten Weltkrieg entwickelte sich der Markt zunehmend von einem Bauern- zu einem Händlermarkt. Es wurde neben Vieh eben auch jede Mange „Kram" verkauft. Aus diesem Nebenprodukt „Krammarkt" ist heute der Hauptzweck geworden. Der Mark ist nun seit 150 Jahren eine große Attraktion in der Region, und alle 14 Tage donnerstags finden sich bis zu 250 Händler in der Waldbröler Innenstadt zum Markt ein.

Fahrradservice

Dattenfeld

Bike-Wander-Paradies [s. Tour 7]

Eitorf

Zweirad Viehof [s. Tour 7]
Lukas Fahrräder, Hardtstr. 1, Tel.: 02243-36 94, E-Mail: lukas-fahrraeder@web.de

Tour 9
Siegtalradweg – von Au bis Stadt Blankenberg

Traumhafter Bick auf das Siegtal von der Burgruine Blankenberg

Ein „Eisenbahnwasserfall“ und jede Menge Brücken

Wer mit Kindern bei schönem Wetter einen beschaulichen Radausflug in die Natur machen möchte, der liegt bei dieser Tour genau richtig. Bis auf einen kurzen Anstieg liegen keine Hindernisse im Weg und auch das Angebot an Kultur ist wohl dosiert. Auf einem hervorragend ausgebauten Radweg, dessen Beschilderung im Jahr 2012 mit dem neuen **Siegtalradweg-Logo** versehen worden ist, geht es vom **Bahnhof Au** auf der hier mäßig befahrene **B 256** entlang nach **Rosbach**. Wer nicht ganz so „sattelfest“ ist oder Kinder dabei hat, sollte, auch wenn die Radrennfreunde mit ihren schillernden Trikots auf der Autospur zur Sieg verlockend schnell hinunterpreschen, den rund ein bis zwei Meter breiten Fußweg entlang der Bundesstraße nutzen, oder die Tour erst in Rosbach beginnen.

In **Rosbach** machen wir einen Abstecher zur Gedenkstätte der „Landjuden an der Sieg“: Das 200 Jahre alte Fachwerkhaus in der Bergstraße 9 zeigt in einem zweigeschossigen Ständerbau eine Ausstellung über das jüdische Leben an der Sieg und gibt uns einen Einblick in die Gebräuche des jüdischen Glaubens.

Zurück an der Bundesstraße geht es zum Siegtalradweg Richtung **Schladern**. Eigentlich führt der Weg am Bahnhof des schönen Ortes über eine Eisenbahnbrücke in Richtung **Mauel**. Doch ein kleiner

Wildromantsch: der Siegwasserfall bei Schladern

Ausritt lohnt auch hier: Wir fahren an diesem Punkt knapp 500 Meter weiter an der Sieg entlang, bis wir links ab über eine kleine Brücke zu einem erhöhten Aussichtspunkt über dem großen **Siegwasserfall** gelangen. Wildromantisch schnellt der Fluss über das steinige Bett. Der ungewöhnliche „Eisenbahnwasserfall" ist im Zuge des Eisenbahnbaus 1857–1858 entstanden, da die Sieg umgeleitet werden musste.
Wir kehren um, erreichen nach der Überquerung der Eisenbahnbrücke das Örtchen **Mauel** und sind bald darauf an der **Wasserburg Mauel** angelangt, die etwa in der zweiten Hälfte des 16. Jahrhunderts erbaut wurde. Im wunderschön restaurierten Gebäude findet man ein gut geführtes Wein- und Bierlokal mit einem hübschen Biergarten, und Essen kann man hier auch. Den Aufenthalt sollte man sich überlegen, denn kurz hinter der Burg geht es in die einzige bemerkenswerte Steigung der Tour. Auf etwa einem Kilometer Länge, einem Waldweg folgend, müssen rund 70 Höhenmeter überwunden werden, bevor es wieder hinuntergeht in den Ort **Dreisel** hinein, wo wir nun endgültig am wunderschönen Radweg entlang der Sieg landen. Es lohnt sich, hier und da einmal stehen zu bleiben und sich das Treiben am und auf dem Fluss anzuschauen: Paddler, Schwimmer, Angler und Fischreiher, Wanderer, Jogger und Flaneure teilen sich das Terrain.
Bald ist **Dattenfeld** erreicht. Die dortige **St. Laurentiuskirche** – auch „Siegtaldom" genannt – ist sehenswert: Die einzige doppeltürmige Kirche im Rhein-Sieg-Kreis ist ein Mix aus einem romanischen Turm aus dem 13. Jahrhundert und einem Neubau aus Bruchstein aus dem Jahre 1879. Übrigens erreicht man von der Brücke in Dreisel aus über ein rund drei Kilometer langes Stück auf dem Wanderweg **Natursteig Sieg** die in der Tour 7 dieses Bandes beschriebenen Sehenswürdigkeiten **Burgruine Windeck** und das **Heimatmuseum Windeck**.
Auf dem Siegtalradweg geht es weiter durch die grünen, luftigen Auen bis zum Ort **Hoppengarten**. Dort beginnt ein ständiger Flussseitenwechsel: In den nächsten Kilometern gelangen wir über die verschiedensten Brücken – von der Fußgänger- bis zur Eisenbahnbrücke – ständig vom linken aufs rechte Ufer und zurück, und durchfahren dabei Orte wie **Herchen** oder **Stromberg** bis am Ende der Tour **Auel**.
Am gesamten Flusslauf spannen sich teilweise wunderschöne Bauwerke über das Wasser, als wolle man Venedig Konkurrenz machen. Ob Eisenkonstruktionen oder mehrbogige Steinbrücken, sie wirken nie wie Fremdkörper, sondern gliedern sich harmonisch ins Tal ein. Und man hört auch heute nicht mit dem Brückenbau auf. Die **„Blaue Brücke"** unterhalb der Eisenbahnbrücke bei Hoppengarten, extra gebaut für die touristischen Wanderer und Radler, existiert schon seit 2005. Im Jahr 2012 wurden nun zwei weitere solche Brücken in **Bülgenauel** fertiggestellt.
Vorher sehen wir von unserem Weg am Fluss entlang in den Siegauen das **Wasserkraftwerk Unkelmühle** liegen. In diesem Ortsteil der Gemeinde Windeck gab es schon vor 400 Jahren Kraftwerke. Zur Unkelmühle gehörte lange Jahre auch ein Steinbruchbetrieb. Dort wurden bis in die sechziger Jahre des 20. Jahrhunderts hervorragende

Bruchsteine gesprengt und dann geschlagen. Diese wurden, bis in die dreißiger Jahre noch mit Pferdefuhrwerken, bis zum Bahnhof Eitorf transportiert und von dort per Güterwaggon, zum Beispiel zur Verwendung im Autobahn-Brückenbau nach Köln gebracht. Vor dem Wasserkraftwerk müssen wir kurz auf den Fahrradweg entlang der **L 333** ausweichen, bis wir bei **Müllenacker**, von wo wir bereits auf die ersten Ortsteile von **Eitorf** blicken, wieder den Weg entlang der Sieg einschlagen. Vorbei an **Halft** erreichen wir **Kelters**. Wer Hunger verspürt, gelangt an der dortigen Brücke schnell ins Zentrum von Eitorf, wo es rund um den Marktplatz viele Einkehrmöglichkeiten gibt. Ansonsten führt der Weg weiter auf dem Hochwasserdeich bis nach Hombach, wo auf einer Länge von 600 Metern bis **Bourauel** die Straße genutzt werden muss. Nach einer kurzen Steigung folgt **Merten**. Der Ort ist durch sein **Schloss** bekannt, ursprünglich ein Augustinerinnenkloster, gegründet um 1160, mit wechselhafter Geschichte: Einst war es ein reliquienreicher Wallfahrtsort, dann Pfarrkirche, Reformkloster, Schule, Lehrer- und Pfarrerwohnung, Großbürger- und Adelsbesitztum, Wohnsitz der Grafen Droste Nesselrode, und heute ist ein Altenheim dort untergebracht. Ein Kleinod ist die spätromanische Kirche, die wir noch besichtigen und vielleicht ein wenig im Park spazieren gehen, bevor wir zum **S-Bahnhof Merten** radeln, wo uns die nächste Modifizierung des Siegtalradweges erwartet. Bis ins Jahr 2012 hinein musste man ab hier auf dem zwar sehr schönen, aber für Radfahrer eher ungeeigneten Sieghöhenweg den Ort **Bülgenauel** umfahren. Heute ist der Radweg entlang der Gleise sowie einem daneben führenden Wirtschaftsweg und über die dortigen **Blauen Brücken** bis nach **Auel** geführt, wo uns eine weitere Besonderheit erwartet. Um vom nördlich der Gleise geführten Weg in den Ort zu kommen, müssen wir die Gleise, eine Schranke passierend, überqueren, und die öffnet sich nur über eine **Gegensprechanlage**, die mit dem Stellwerk verbunden ist. Man drückt auf einen Knopf und bedeutet dem dort sitzenden Angestellten er möge doch bitte die Schranke öffnen. Das tut er dann, sofern kein Zug kommt. Ist die Bahntrasse überquert, muss man über die dortige Gegensprechanlage mitteilen, dass man „durch ist" und der Bahnwärter schließt die Schranke wieder. Nun können wir die letzten kurzen Kilometer der Tour bis zum **Bahnhof Blankenberg** angehen.

Freizeitfluss Sieg: Paddler bei Stromberg

Ach ja, Blankenberg, richtig heißt der Ort Stadt Blankenberg und ist die kleinste Stadt in Nordrhein-Westfalen. Alt ist sie, hoch über der Sieg auf dem Berg liegt sie und weithin sichtbar beherrscht ihre immer noch mächtige **Burgruine** das Land. Wer noch Kraft hat, sollte sich einer letzten Anstrengung unterziehen und dort über die rund ein Kilometer lange und im Schnitt zehn Prozent steile Serpentinenstraße hochfahren. Alternativ kann das Fahrrad an den Fahrradständern, die sich am Parkplatz der Mühle in Stein befinden, angeschlossen werden. An diesem Parkplatz beginnt ein Fußweg zur Stadt Blankenberg. Belohnt wird man mit einem herrlichen Blick über das Siegtal von den Zinnen der Burg aus und „Lecker Essen" in einem der zahlreichen Gasthäuser des mittelalterlichen Fachwerkstädtchens.

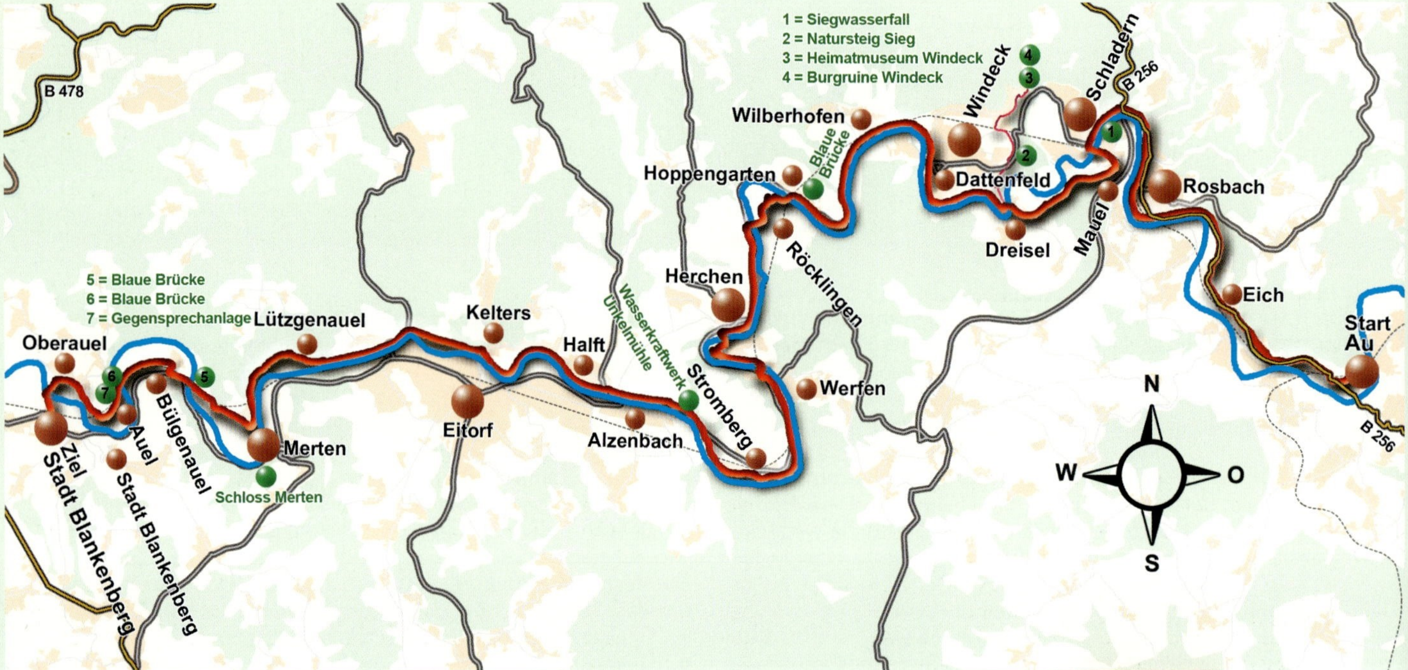

1 = Siegwasserfall
2 = Natursteig Sieg
3 = Heimatmuseum Windeck
4 = Burgruine Windeck
5 = Blaue Brücke
6 = Blaue Brücke
7 = Gegensprechanlage
B 478
B 256
Schladern
Windeck
Wilberhofen
Blaue Brücke
Hoppengarten
Dattenfeld
Rosbach
Dreisel
Mauel
Röcklingen
Herchen
Eich
Start Au
Werfen
Stromberg
Wasserkraftwerk Unkelmühle
Kelters
Halft
Lützgenauel
Oberauel
Eitorf
Alzenbach
Merten
Schloss Merten
Bülgenauel
Auel
Ziel Stadt Blankenberg
Stadt Blankenberg
N
W
O
S

Radweg Sieg

Streckenführung

Start	**Bahnhof Au (Sieg)**	**0**
West	Hohlweg, 220 m folgen	0,22
rechts ab	B 256, 1,1 km folgen	1,32
	Wiedenhof	**1,32**
weiter	B 256, 1,3 km folgen	2,62
	Eich	**2,62**
weiter	B 256, 570 m folgen	3,19
	Eulenbruch	**3,19**
weiter	B 256, 1,9 km folgen	5,09
	Rosbach / S- Bahnhof	**5,09**
links ab	Radweg an der Sieg, 2,2 km folgen	7,29
links ab	B 256, 300 m folgen	7,59
	Schladern	**7,59**
links ab	L 333, 780 m folgen	8,37
	Bahnhof Schladern	**8,37**
links ab	Straße, 50 m folgen	8,42
links ab	Eisenbahnbrücke, 160 m folgen	8,58
	Mauel	**8,58**
rechts ab	Straße, 90 m folgen	8,67
	Burg Mauel	**8,67**

weiter	Preschlinallee, 320 m folgen	8,99
	Gasthof Wilmeroth	**8,99**
rechts ab	Entenpfuhl, 180 m folgen	9,17
weiter	Weg / Waldweg, 1,4 km folgen	10,57
	Dreisel	**10,57**
weiter	Im Kettenroth, 100 m folgen	10,67
rechts ab	Im Kettenroth, 260 m folgen	10,93
rechts ab	Dattenfelder Str., 110 m folgen	11,04
weiter	Brücke, 60 m folgen	11,10
links ab	Radweg an der Sieg, 1,2 km folgen	12,30
	Dattenfeld	**12,30**
weiter	Radweg an der Sieg, 2,0 km folgen	14,30
	Wilberhofen	**14,30**
weiter	Radweg an der Sieg, 3,3 km folgen	17,60
	Hoppengarten / Blaue Brücke	**17,60**
links ab	Radweg über Brücke, 800 m folgen	18,40
	Röcklingen	**18,40**
links ab	Straße, 150 m folgen	18,55
weiter	Oberhofweg, 100 m folgen	18,65
rechts ab	Zur Ohmbach, 270 m ü. Brücke folgen	18,92

links ab	Radweg an der Sieg, 1,3 km folgen	20,22
	Herchen	**20,22**
weiter	Radweg an der Sieg, 970 m folgen	21,19
	Restaurant Löwenburg	**21,19**
links ab	In der Au / **Brücke**, 120 m folgen	21,31
rechts ab	In Übersehn, 200 m folgen	21,51
rechts ab	Weg, 120 m folgen	21,63
links ab	Radweg an der Sieg, 940 m folgen	22,57
links ab	Weg / **Brücke**, 240 m folgen	22,81
rechts ab	RW a. d. Stromberger Str., 70 m folgen	22,88
	Kreuzung Igelshof / über Parkplatz	**22,88**
weiter	Radweg, 50 m folgen	22,93
rechts ab	Radweg an der Sieg, 2,1 km folgen	25,03
	Stromberg	**25,03**
weiter	Sieggarten, 460 m folgen	25,49
weiter	Zum Eichenhain, 450 m folgen	25,94
weiter	Sonnenau, 450 m folgen	26,39
weiter	Radweg an der Sieg, 610 m folgen	27,00
	Wasserkraftwerk Unkelmühle	**27,00**
links ab	L 333, 1,6 km folgen	28,60
	Halft	**28,60**

links ab	Radweg an der Sieg, 2,7 km folgen	31,30
	Kelters	**31,30**
links ab	Radweg an der Sieg, 1,3 km folgen	32,60
links ab	L 86, 260 m folgen	32,86
	Bourauel	**32,86**
links ab	Radweg an der Sieg, 1,3 km folgen	34,16
	Lützgenauel	**34,16**
rechts ab	Weg, 70 m folgen	34,23
links ab	Straße, 1,8 km folgen	36,03
	Merten	**36,03**
weiter	Schlossstr., 560 m folgen	36,59
	Schloss Merten	**36,59**
rechts ab	Agnesstr., 110 m folgen	36,70
weiter	Burgweg, 180 m folgen	36,88
weiter	Straße, 44 m folgen	37,32
	S-Bahnhof Merten	**37,32**
links ab	Bahndamm, 390 m folgen	37,71
weiter	**Blaue Brücke**, 100 m folgen	37,81
weiter	Bahndamm, 160 m folgen	37,97
	Bülgenauel	**37,97**
links ab	Radweg an L 333, 230 m folgen	38,20

rechts ab	Im Siegfeld, 70 m folgen	38,27
links ab	Wirtschaftsweg, 950 m folgen	39,22
links ab	Weg, 20 m folgen	39,24
rechts ab	**Blaue Brücke**, 210 m folgen	39,45
	Bahngegensprechanlage	**39,45**
	Auel	**39,45**
links ab	Weg, 120 m folgen	39,57
weiter	In der Helden, 300 m folgen	39,87
weiter	Aueler Str., 800 m folgen	40,67
	Oberauel	**40,67**
links ab	Halberger Str., 260 m folgen	40,93
links ab	Halberger Str., 90 m folgen	41,02
links ab	K 36, über Brücke 320 m folgen	41,34
	Haus Attenbach	**41,34**
weiter	K 36, 260 m folgen	41,60
Ziel	**S-Bahnhof Blankenberg**	**41,60**

Streckencharakter

Schwierigkeitsgrad: leicht
Bis auf den Anstieg zwischen Mauel und Dreisel führt die Tour auch an der B 256 und der L333 fast ausschließlich über Radwege und ist sehr flach.
Für Freunde des Wochenendausflugs mit Kaffeetrinken; Sightseeing und/oder Picknick.
Für Rennradfahrer eher fad, familientauglich.

Streckenprofil

Tourlänge:	41,60 km
Min. Höhe:	ca. 78 m
Max. Höhe:	ca. 183 m
Ges. Aufstieg:	ca. 480 m
Ges. Abstieg:	ca. 530 m
Fahrzeit:	ca. 160 Min.

Höhenprofil

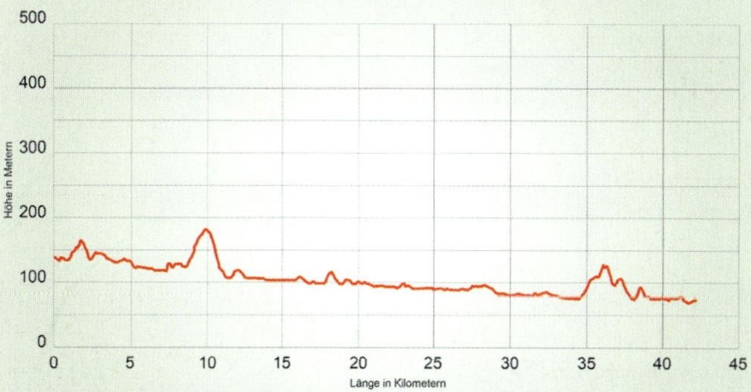

Serviceteil

Eckpunkte einer Familientour: Kloster Merten und der Gasthof zur Sieg „Siegperle“

Tipp – Essen und Trinken

Dreisel

Gasthof zur Sieg „Siegperle“, Steinbachstr. 11, Tel.: 02292-80 01 30
E-Mail: info@gasthof-zur-sieg.de, www.gasthof-zur-sieg.de
Bei herrlichem Wetter saßen wir im großen Biergarten des wunderschön an einem Siegbogen gelegenen Restaurants und tranken ein erfrischendes „Radler“.

Sehenswürdigkeiten

Altwindeck

Heimatmuseum Windeck [s. Tour 7]
Burgruine Windeck [s. Tour 7]

Auel

Bahnübergang [s. Wegbeschreibung]
Die Schranken dieses Bahnübergangs werden durch eine Gegensprechanlage betrieben. Wir fanden es bemerkenswert.

Dattenfeld

Siegtaldom [s. Tour 7]

Eitorf

Skulpturengarten, Atelier Vetere und Galerie Incontro [s. Tour 7]

Halft

Halfter Hängebrücke [s. Tour 7]

Merten

Kloster Merten
Vermutlich wurde das Kloster um 1160 erbaut. Erstmalig urkundlich erwähnt wird es im Jahr 1217. In dieser Urkunde wird bestätigt, dass innerhalb der Klostermauern kein von Laien bewohntes Haus stehen darf und der Besitzer von Burg Merten, Otto von Kappenstein, gegen eine Entschädigung Gebäude an das Kloster übergeben soll. Neben der großen Agneskirche mit Doppelturm sind heute noch der Süd- und Ostflügel aus dem Mittelalter erhalten. 1699 brannte das Kloster aus, weswegen die romanische Kirche innen barock eingerichtet ist.
Erst 1791 wurde der Südflügel neu errichtet, der Westflügel verfiel. Die gesamte Anlage ist von einer Mauer umgeben und beherbergt heute unter anderem ein Alten- und Pflegeheim. Die Orangerie des Schlosses beherbergt ein Café, das dienstags bis freitags von 15.00 bis 17.00 sowie samstags und sonntags von 11.00 bis 18.00 geöffnet hat.

Rosbach

Gedenkstätte „Landjuden an der Sieg“ [s. Tour 5]

Schladern

Siegwasserfall [s. Tour 7]

Wilberhofen

Rochus- und Adelgundis-Kapelle
Vor allem Letztere hat es in sich, denn die aus dem 15. Jahrhundert stammende Gebetsstätte beherbergt einen prunkvollen Barockaltar [s. auch Tour 7].

Unkelmühle

Wasserkraftwerk

Fahrradservice

Dattenfeld

Bike-Wander-Paradies [s. Tour 8]

Eitorf

Zweirad Viehof [s. Tour 8]
Lukas Fahrräder [s. Tour 8]

Tour 10
Hennef - Asbach - Blankenberg

Blick auf die Burgruine Blankenberg

Am „Singenden Bach" entlang nach Blankenberg

Wer den Hanfbach entlangfährt, lernt die Natur von ihrer schönsten Seite kennen. Für Liebhaber von Fauna und Flora ist die Tour eine wahre Genussspazierfahrt. Kaum, dass wir auf verkehrsberuhigten Wegen **Hennef** verlassen haben, geht es rein ins hübsche Tal des Hanfbachs. Auch wenn der Bach früher die Hanfmühle antrieb, hat sein Name nichts mit Hanf zu tun, sondern er stammt vom germanischen Wort hanan – singen/tönen – und dem Wort apa für Fluss und Wasser ab. Direkt übersetzt müsste man also sagen: Der Hanf-

Bauernland pur: bei Hofen

bach ist ein singender Fluss. Und tatsächlich: Das Wasserplätschern ist recht laut, schließlich überwindet das muntere Rinnsal von der Quelle bis zur 13 Kilometer entfernten Mündung 190 Höhenmeter.
Wir bleiben immer dicht am Bach auf dem asphaltierten landwirtschaftlichen Weg, der mitten durch die bezaubernde Weiden- und Wiesenlandschaft führt. Der Belag ändert sich zu Schotter und am Ende haben wir kurz vor **Kuchenbach** recht gut befahrbaren Waldboden unter den Reifen. Im Ort angelangt sollten Sie mal einen Blick auf die Kuhweide richten: Dort grasen schottische Hochlandrinder, die sich hier im Siegerland wohlfühlen. Leider sind sie nicht so handzahm wie unsere heimischen Rindviecher, selbst wenn sich ihnen Kinderhände entgegenstrecken.
Immer weiter tauchen wir in die sanfte Naturlandschaft ein. In **Röttgen/Hammermühle** kommen wir zu einem Campingplatz und verlassen den Radweg, da dieser uns zu unbequem wird. Wir weichen lieber auf die kleine Straße „Zur Hammermühle" aus, die schmal und wenig befahren bergan auf Asphalt Richtung **Dahlhausen** führt. Schon nach 500 Metern geht es jedoch wieder auf den Radweg am Hanfbach. Er ist abschnittsweise nach Regenfällen ein wenig matschig. Spätestens in **Hanf** gibt es wieder Asphalt für unsere Drahtesel zu fressen. Klein ist der Ort und hübsch. Die blumengeschmückten Fachwerkhäuser gliedern sich wie bunte Flecken in die Landschaft ein.
Ein paar gemächliche Steigungen entfernt liegt der Ort **Krautscheid**, der einst eine Station der ehemals bedeutenden Bröltalbahn – der ersten Schmalspurbahn in ganz Deutschland – gewesen ist. Die Industrie hat in dem Städtchen ihre Spuren hinterlassen: Fabrikhallen säumen den Weg, ein Landmaschinenwerk und schließlich die Firma VARTA. Genau am **VARTA-Parkplatz**, gleich an der ehemaligen Grube Louise, verlassen wir die Landstraße und fahren geradeaus weiter auf einen geschotterten Waldweg.
Der Wald erinnert ein wenig an Föhrenwald, wo die Mischgehölze dicht beieinanderstehen. Für Liebhaber urwüchsiger Landschaften ist die Gegend ein Hochgenuss, denn der Uferwuchs ist dicht und so

Förenwaldeindruck im Hanfbachtal

Nicht handzahm: schottische Hochlandrinder in Kuchenbach

manch ein abgestorbener Baum liegt über dem Hanfbach. Die Äste und Zweige bilden häufig bizarre lebendige Skulpturen, nicht eine Lücke scheint es in diesem unentwirrbaren Dickicht zu geben, durch das ganz unscheinbar unser Bach fließt.

Kaum, dass wir den Wald verlassen haben, gelangen wir nach **Buchholz**. Am Ortsausgang müssen wir zum ersten Mal auf unserer Tour auf den Verkehr achten, denn die Straße ist stark befahren und es gibt keinen Radweg. Doch bald schon kehrt wieder Ruhe ein, denn wir biegen in einen Feldweg, der uns sicher nach **Hofen** bringt. Hier stehen alte Silos und Bauernhöfe und geben ein malerisches Bild ab. Wendepunkt unserer Fahrt ist **Asbach**, dessen gelben Kirchturm wir von unserer Höhe am Ortsrand unter uns liegen sehen. Das Städtchen ist ein Muss für Eisenbahnliebhaber, denn sein Museum hat eine echte Lok 53 zu bieten. Wir aber haben es eilig und vollziehen unsere Kehrtwendung nach links auf einen landwirtschaftlichen Weg, der uns durch eine traumhaft schöne Wiesen-, Wald und Feldlandschaft über Walgenbach nach **Oberscheid** in Richtung **Mendt** bringt. Kurz hinter **Walgenbach** beginnt eine drei Kilometer lange Abfahrt bis kurz vor **Irmeroth**.

Für diese Ruhephase werden wir darauf mit einem Anstieg bis kurz hinter Mendt bestraft, der nicht von Pappe ist. Familien mit kleinen Kindern können den Anstieg jedoch einfach zu Fuß meistern. Lohn für die Mühe ist der Blick in die herrliche Landschaft oben auf der Hochebene, und am Ende geht es in rasanter Fahrt hinab in die mittelalterliche Burgenstadt **Blankenberg**. Fast könnte man unsere Drahtesel mit Gäulen vergleichen, die den Stallgeruch riechend den Asphalt hinabjagen. Wir fahren an den hübschen Fachwerkhäusern der Vorstadt vorbei und kommen mit quietschenden Bremsen erst am südlichen Turm der Burgmauer zum Stehen. Erst beim Bier oder der Limo auf einer der Terrassen der zahlreichen Gaststätten im Touristenort wird uns klar, dass wir Blankenberg, das von der Siegseite aus so uneinnehmbar hoch gelegen scheint, über unseren Weg praktisch im Flug erobert haben.

Auf der Serpentinen-Abfahrt hinunter zum **Bahnhof Blankenberg** können wir die Beine noch mal ausschütteln, denn bis nach **Hennef** sind es nur noch ein paar Pedalumdrehungen an der Sieg entlang.

Schotterweg durchs grüne Land

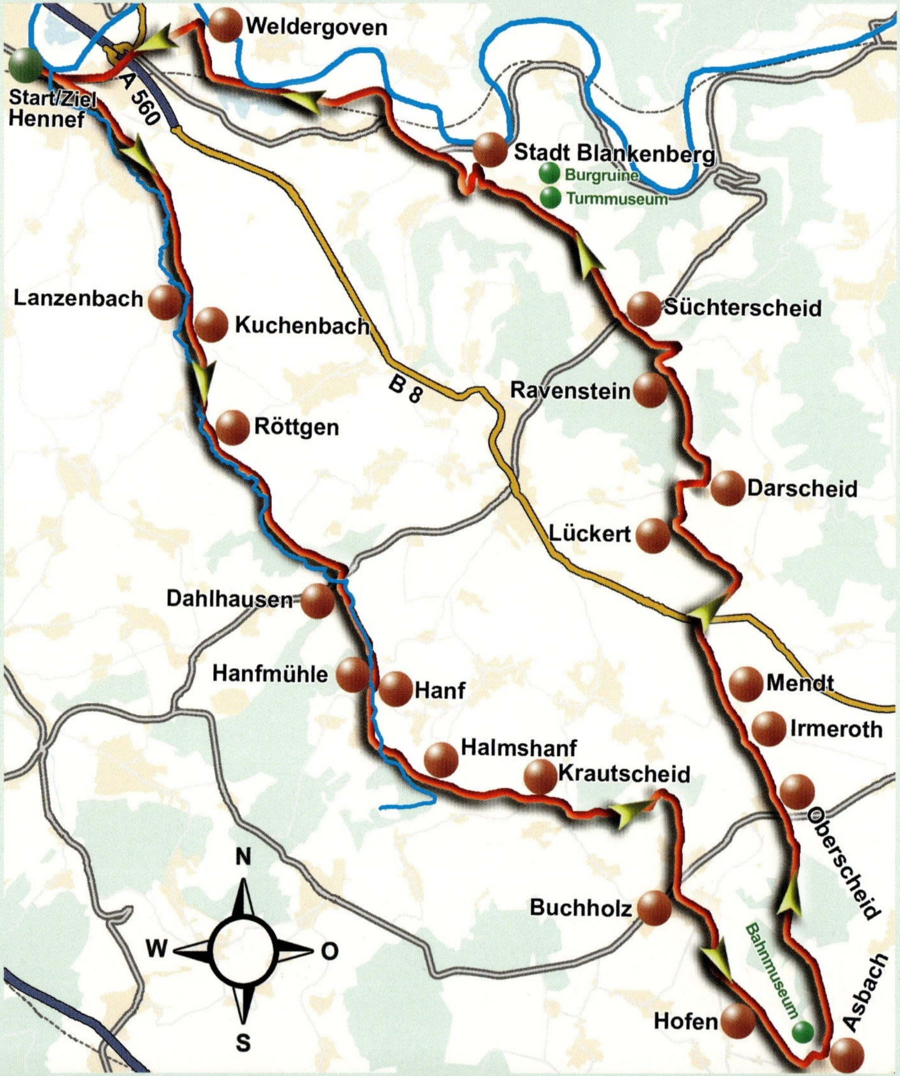
Weldergoven
Start/Ziel
Hennef
A 560
Stadt Blankenberg
Burgruine
Turmmuseum
Lanzenbach
Kuchenbach
Süchterscheid
B 8
Ravenstein
Röttgen
Darscheid
Lückert
Dahlhausen
Hanfmühle
Hanf
Mendt
Irmeroth
Halmshanf
Krautscheid
Oberscheid
N
W
O
S
Buchholz
Bahnmuseum
Hofen
Asbach

Streckenführung

Legende: LWW = Landwirtschaftlicher Weg; R-/F = Rad-/Fußweg; WW = Waldweg

Start	**Bahnhof Hennef**	**0**
weiter	Bahnhofstr., 190 m folgen	0,19
links ab	Bachstr., 50 m folgen	0,69
rechts ab	Frankfurter Str., 450 m folgen	1,14
	im Kreisverkehr 2. Str. nehmen	1,14
weiter	Frankfurter Str., 280 m folgen	1,42
rechts ab	Hanftalstr, 860 m folgen	1,70
rechts ab	Hanftalstr., 160 m folgen	1,86
links ab	Röckelsstr. durch R-Kurve, 870 m folgen	2,73
weiter	LWW am Hanfbach, 1 km folgen	3,73
	Kuchenbach	**3,73**
weiter	LWW am Hanfbach, 1,3 km folgen	5,03
weiter	Zur Hammermühle, 470 m folgen	5,50
weiter	LWW am Hanfbach, 890 m folgen	6,39
links ab	Hermesmühle, 770 m folgen	7,16
weiter	Am Berghang, 390 m folgen	7,55
rechts ab	Dahlhausener Str., 120 m folgen	7,67
	Dahlhausen	**7,67**
links ab	Hanfer Str., 170 m folgen	7,84

links ab	Hanfer Str. durch R-Kurve, 800 m folgen	8,64
weiter	Gänsehof, 290 m folgen	8,93
	Hanfmühle	**8,93**
weiter	Gänsehof, 190 m folgen	9,12
	Hanf	**9,12**
rechts ab	Eudenbachstr., 100 m folgen	9,22
links ab	K 38, 1,7 km folgen	10,92
	Halmshanf	**10,92**
weiter	K 55, 1,2 km folgen	12,12
	Krautscheid	**12,12**
weiter	K 55, 380 m folgen	12,50
rechts ab	Krautscheider Str., 60 m folgen	12,56
	Parkplatz VARTA	**12,56**
links ab	geteerter Weg, 300 m folgen	12,86
rechts ab	geteerter Weg, 100 m folgen	12,96
weiter	WW, 870 m folgen	13,83
rechts ab	Landstr., 1,1 km folgen	14,93
	Buchholz	**14,93**
rechts ab	Hauptstr., 40 m folgen	14,97

links ab	Asbacher Str. **(! Verkehr)**, 180 m folgen	15,15
links ab	Asbacher Str. **(! Verkehr)**, 1,1 km folgen	16,25
links ab	LWW, 790 m folgen	17,04
	Hofen	**17,04**
weiter	Landstr., 770 m folgen	17,81
	Asbach	**17,81**
links ab	Walgenbacher Str., 170 m folgen	17,98
rechts ab	Hospitalstr., 50 m folgen	18,03
links ab	Mittelstr., 150 m folgen	18,18
links ab	Waldstr., 1,5 km folgen	19,68
rechts ab	Landstr., 1,1 km folgen	20,78
links ab	Landstr., 520 m folgen	21,30
	Oberscheid	**21,30**
weiter	Mendter Str., 1,2 km folgen	22,50
	Mendt	**22,50**
weiter	Mendter Str., 1,1 km folgen	23,60
	Mendt/Industriepark Nord	**23,60**
rechts ab	Mendter Mark (über B 8), 850 m folgen	24,45
links ab	Landstr., 650 m folgen	25,10
	Lückert	**25,10**
weiter	Buschweg, 340 m folgen	25,44

rechts ab	Scheffenstr., 550 m folgen	25,99
rechts ab	Hülscheider Str., 320 m folgen	26,31
links ab	Darscheid, 190 m folgen	26,50
links ab	Darscheid, 30 m folgen	26,53
rechts ab	Darscheid, 130 m folgen	26,66
links ab	Bayenstein, 900 m folgen	27,56
	Ravenstein	**27,56**
weiter	Ravenstein, 600 m folgen	28,16
rechts ab	Landstr., 360 m folgen	28,52
links ab	Mühlental, 820 m folgen	29,34
links ab	Heilig-Kreuz-Str., 40 m folgen	29,38
rechts ab	Zum Katharinentor, 1,1 km folgen	30,48
halb links	Eitorfer Str., 1,2 km folgen	31,68
	Stadt Blankenberg	**31,68**
links ab	Katharinastr., 90 m folgen	31,77
rechts ab	Mechtildisstr., 260 m folgen	32,03
links ab	Mechtildisstr., 470 m folgen	32,50
rechts ab	Steinermühle, 550 m folgen	33,05
links ab	L 333, 700 m folgen	33,75
	Bahnhof Stadt Blankenberg	**33,75**
rechts ab	Haus Attenbach, 290 m folgen	34,04

links ab	Radweg an der Sieg, 2,5 km folgen	36,54
	Weldergoven	**36,54**
weiter	Im Hohlweg, 360 m folgen	36,90
links ab	Zum Brünnchen, 120 m folgen	37,02
links ab	Siegstr., 640 m folgen	37,66
links ab	Allnerhof, 200 m folgen	37,86
	Hennef	**37,86**
links ab	Bröltalstr., 490 m folgen	38,35
weiter	An der Brölbahn, 530 m folgen	38,88
halb rechts	Frankfurter Str., 370 m folgen	39,25
links ab	Bachstr., 50 m folgen	39,30
links ab	Bahnhofstr., 70 m folgen	39,37
Ziel	**Bahnhof Hennef**	**39,37**

In Blankenberg

Streckencharakter

Schwierigkeitsgrad: leicht
Die Tour führt bis auf wenige Ausnahmen über kleine Landstraßen, Radwege, landwirtschaftliche Wege und Waldwege.
Achtung, Bei Buchholz ist die Asbacher Straße (ca. 1,3 km der Strecke) stark befahren und hat außerhalb der Ortschaft keine Radwegführung. Die Steigungen sind moderat und auch für ungeübtere Radfahrer gut zu schaffen. Familientauglich, nicht für Rennräder geeignet.

Streckenprofil

Tourlänge:	39 km
Min. Höhe:	ca. 65 m
Max. Höhe:	ca. 300 m
Ges. Aufstieg:	ca. 616 m
Ges. Abstieg:	ca. 616 m
Fahrzeit:	ca. 200 Min.

Höhenprofil

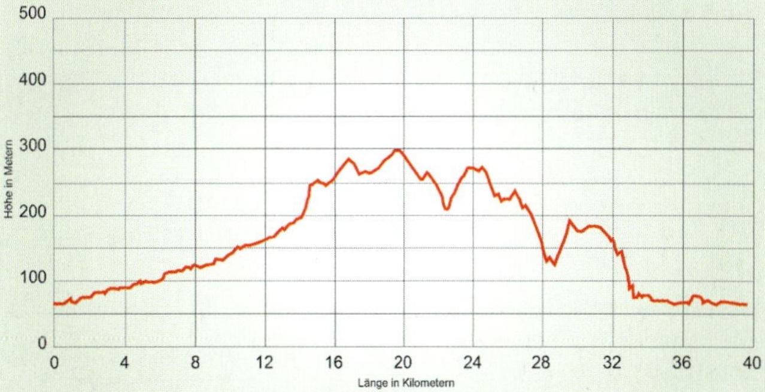

Serviceteil Tour 10

Lecker: Bergische Waffeln gibt es in den schönen Restaurants der Stadt Blankenberg, in die wir auf unserer Tour durch das Südtor einfahren

Tipp – Essen und Trinken

Stadt Blankenberg

Haus Sonnenschein; Mechtildisstr. 16, Tel.: 02248-92 00, Fax: 02248-920 17,
E-Mail: info@Hotel-Haus-Sonnenschein.de, www.hotel-haus-sonnenschein.de
Unter dem vielfältigen Angebot an gastronomischen Betrieben in Blankenberg wählten wir dieses Restaurant, weil seine erhöhte Terrasse einen wirklich schönen Blick auf den Stadtkern ermöglicht. Da geriet unser schmackhafter Imbiss fast zur Nebensache.

Sehenswürdigkeiten

Asbach

Museum der Bröltalbahn (Rhein-Sieg Eisenbahn AG, RSE); Bahnhofstr. 23
E-Mail: wolfgang.cloessner@museum-asbach.de
www.museum-asbach.de
Öffnungszeiten: an jedem zweiten So. in den Monaten Apr. bis Okt.
Terminabsprachen außerhalb der Öffnungszeiten möglich:
Wolfgang Clössner, Bahnhofstr. 23, 53567 Asbach, Tel. 02683-93 76 533
Eintritt: frei
Das Museum hält die Erinnerung an die Bröltalbahn wach, die als erste dem öffentlichen Verkehr zum Transport von Bodenschätzen

diente. Die Bröltalbahn hatte zudem einen großen Einfluss auf den Bau und die Entwicklung von Schmalspurbahnen in ländlichen Gebieten. Im Mittelpunkt der Ausstellung steht die Dampflokomotive 53, um deren Erhalt das Museum bemüht ist. Zu sehen ist sie im Asbacher Lokschuppen, um die herum eine Sammlung von Artefakten der Bahn aufgestellt ist. Zudem ist eine betriebsfähige Diesellok vorhanden, um die rollfähige 53 bei gutem Wetter aus dem Schuppen ziehen zu können.

Hennef

Hennefer KulTouren: Stadtführungen und Wanderungen
Die Stadt Hennef bietet unter diesem Begriff viele Führungen und Wanderungen an, so z. B. eine Stadtführung in Alt-Hennef oder Nachtwächterführungen für Erwachsene oder Kinder und vieles mehr.
Infos: Bei der Tourist-Info im Historischen Rathaus der Stadt Hennef, Frankfurter Str. 97, an der Information im Rathausneubau und bei der Stadtbibliothek in der Meys Fabrik, Beethovenstr. 21. Oder auch unter Tel.: 02242-194 33.

Stadt Blankenberg

Die Burgruine
1180 gründeten die Herrn von Sayn auf der Spornspitze, 80 Meter über der Sieg, die Burg Blankenberg. Da der Bergsporn ursprünglich wohl unbesiedelt war, leitet sich vermutlich hieraus der Name „Blankenberg“ im Sinne einer blanken, unbewaldeten Erhebung ab. Aufgrund der erhöhten Position hoch über dem Siegtal, waren die Grafen von Sayn in der Lage, die Zugänge zum Siegtal und ins Bergische Land und in den Westerwald zu beherrschen. Eine nahezu vollständige Zerstörung erlitt die Burg während des Dreißigjährigen Kriegs. Beeindruckend mächtig ist die Burg jedoch noch heute, z.B. der mächtige Bastionsturm aus dem 15. Jahrhundert an der Süd- sowie der runde Bergfried an der Nordseite. Erhalten haben sich auch Reste des Palas, des Pfortenhauses sowie der Doppelkapelle. Die Vorburg beeindruckt mit einem starken Rundturm, hoher Schildmauer und dem Torturm.

Öffnungszeiten: Die Burganlage ist von Apr. bis Sept. dienstags bis sonntags in der Zeit von 10.00 bis 18.00 Uhr zu besichtigen. Mo. Ruhetag. Im März und Okt. witterungsbedingte Öffnung.

Turmmuseum; Katharinentor, Graf-Heinrich-Str., Tel.: 02248-25 11
Öffnungszeiten:
Sa. und So. 15.00 bis 17.00 Uhr sowie nach Vereinbarung
Das Museum zeigt Gegenstände zur Geschichte und zum Leben der Menschen in der Stadt Blankenberg und Umgebung. Schwerpunkte sind die Ur-, Früh- und Ortsgeschichte der Burg, Stadt und Bürgerwehr.

Die Burgruine Blankenberg

Fahrradservice

Happerschoß

Zweiradpool Schrader; Rundweg 23, Tel.: 02242-874 20 60, Fax: 02242-874 20 60
E-Mail: info@zweiradpool-schrader.de, www.zweiradpool-schrader.de

Hennef

GS Bikes, Inh. S.Gideon, Fahrradeinzelhandel , Sanddornweg 10, Tel.: 02242-9 17 64 17

Fahrrad- und Nähmaschinenhaus; Frankfurter Str. 22, Tel.: 02242-46 37, Fax: 02242-46 37

Tour 11
Wahnbachtalsperre

Die Wahnbachtalsperre

Wo das Bonner Trinkwasser herkommt

Wissen Sie, wo das Bonner Trinkwasser herkommt? Falls nicht, sollten Sie die heutige Tour nicht verpassen. Zumal die Landschaft, durch die unser Weg führt, mit zum Schönsten gehört, was die Sieg zu beiden Seiten zu bieten hat – auch wenn es ab und an mal richtig den Berg hinauf geht.

Doch beginnen wir nicht mit Landschaft, sondern mit Kultur. Kaum dass wir den **Bahnhof Hennef** hinter uns gelassen haben und über die **Fußgängerbrücke an der Gaststätte „Sieglinde"** ans andere Siegufer gestiegen sind, gelangen wir nach **Allner** und sehen das gleichnamige Schloss zur Linken, das 1421 noch den großen Namen

Wallfahrtskirche als Landmarke: Ausblick bei Happerschoß

„Schloss Arnold von Markelsbach und Allner“ trug. Nachdem das zum Teil neugotische Gemäuer im Besitz verschiedener Adeliger war, wurde es schließlich in Eigentumswohnungen umgewandelt.

Nicht weit davon entfernt biegen wir halb links in **Müschmühle** in die Bödinger Straße ein. Dort mündet die Bröl in die Sieg. Das Zusammenfließen der beiden Flüsse wirkt beschaulich, ganz im Gegensatz zu dem Anstieg, der vor uns liegt: Er ist zwei Kilometer lang und führt durch dichten Wald hinauf nach **Bödingen**. Auf diesem Stück überwinden wir nicht nur rund 100 Höhenmeter, sondern müssen unseren Drahtesel auch über einige Rampen hinaufstemmen. Doch die Bäume spenden Schatten und die Belohnung ist ein Schmuckstück, das wir auf der ganzen Tour immer wieder von Weitem zu Gesicht bekommen: **die Pfarr- und Wallfahrtskirche „Zur schmerzhaften Mutter Gottes“**. In einer Inschrift auf einem vor der Kirche stehenden Denkmal heißt es: „Christian der einfache Mann aus Lauthausen brachte 1397 das Gnadenbild der schmerzhaften Mutter Gottes aus der Selbachschlucht hierher an diese Stelle und wurde dadurch zum Begründer der Wallfahrt und der Kirche von Bödingen ...“.

Nicht zuletzt durch Hape Kerkelings Bestseller „Ich bin dann mal weg. Meine Reise auf dem Jakobsweg“ ist das Wallfahren wieder modern geworden und auch bei der schmerzhaften Mutter gibt es erheblich mehr Pilger als noch vor wenigen Jahren. Besonders einladend ist der Klosterhof, wo Sitzbänke um den gepflegten Rasen unter altem Baumbestand zum Verweilen einladen. Wer Lust hat, kann die 1408 geweihte Kirche umrunden und die liebevoll gestalteten Stationen des Kreuzweges betrachten, um sich später in der Kirche das Gnadenbild anzusehen. Es wurde 1350 in einer Kölner Werkstatt geschnitzt und später mit Gewändern und Schmuck versehen. Der kindliche Körper Jesus Christus wurde 1922 leider entwendet und musste nach dem Originalbild nachgeschnitzt werden.

Ausgeruht fahren wir ein Stück des Wegs zurück, um zur 700 Meter langen Abfahrt nach Bröl zu gelangen. Vorsicht! Es empfiehlt sich, vorher die Bremsen zu kontrollieren. Selbst geübte Abfahrer, die den Berg hinunterjagen, müssen ordentlich in die Eisen packen, um das Stück zu bewältigen.

In **Bröl** geht es gleich wieder hinauf nach **Happerschoß**, als ob man bei der Achterbahn aus dem Tal hinaufschießt. Leider hält der Schwung nicht lange an und es empfiehlt sich, Gang für Gang hoch zu schalten. Denn es gilt über einige Rampen den nächsten Gipfel zu erklimmen.

Abendstimmung an der Sieg

Durchblick: Die Talsperre hinter Wolperath

Werfen wir an der Kuppe einen Blick zurück, so sehen wir die Wallfahrtskirche in der grandiosen Hügellandschaft hinter uns liegen.
Eine andere Perle liegt direkt am Wegesrand: Der Ort **Birken**, der mit seinen prachtvollen Bäumen seinem Namen alle Ehren macht. Warum gerade hier dieser Baum in einer Landschaft so aufblüht, wo sonst meist Nadelhölzer, Linden, Eichen oder Buchen sich wohl fühlen, blieb uns verborgen.
Es geht von dort über fünf Kilometer Asphaltstraße und landwirtschaftliche Wege, die nur teilweise mit Rad- und Fußgängerwegen ausgestattet sind, zur Wahnbachtalsperre, die umgeben ist von dichtem Wald und über die wir später noch mehr hören werden – doch erst einmal genießen wir die Natur.
Nach **Breidt** geht es über eine erstklassige Abfahrt zum Gasthaus „Zum Jabachtal". Hier können wir ruhen und den Radlern zuschauen, die mit Schwung in die nächste Steigung rasen, ehe ihnen der Berg den Schwung nimmt.
Wir jedoch fahren auf einem Stichweg hoch nach **Algert**, finden Wiesen und Bäume auf der idyllisch gelegenen Anhöhe und gelangen nach **Braschoß**, wo wir einen wunderbaren Blick auf das Siebengebirge genießen. Von dort geraten wir nach kurzer Abfahrt in ein kleines, enges Tal, das dicht bewaldet ist und im heißen Sommer gewiss einige Kühlung bietet.

Und dann ist es so weit: Wir kommen an die Staumauer (53 Meter hoch) der **Wahnbachtalsperre** – sie ist eine reine Trinkwassertalsperre – baden verboten! 780.000 Einwohner in Bonn, im Rhein-Sieg-Kreis und im Landkreis Ahrweiler werden von hier mit Trinkwasser versorgt, wobei dies teilweise auch durch Grundwasser aus dem unteren Siegbereich geschieht. Besonderes Prachtstück ist die Wasseraufbereitungsanlage, die zur Pilgerstätte für Ingenieure avancierte.
Nach kurzer Fahrt gelangen wir zum beschaulichen **Kloster Seligenthal**. Einen Katzensprung davon beginnt der eigentliche Ort **Seligenthal** und wir gelangen wieder an die Gaststätte „Sieglinde", wo wir auf der Terrasse eine letzte Rast einlegen. Denn an sonnigen Tagen ist der Blick auf die Sieg und die sie umgebenden Felder ein wahrer Genuss.

Blick auf Birken

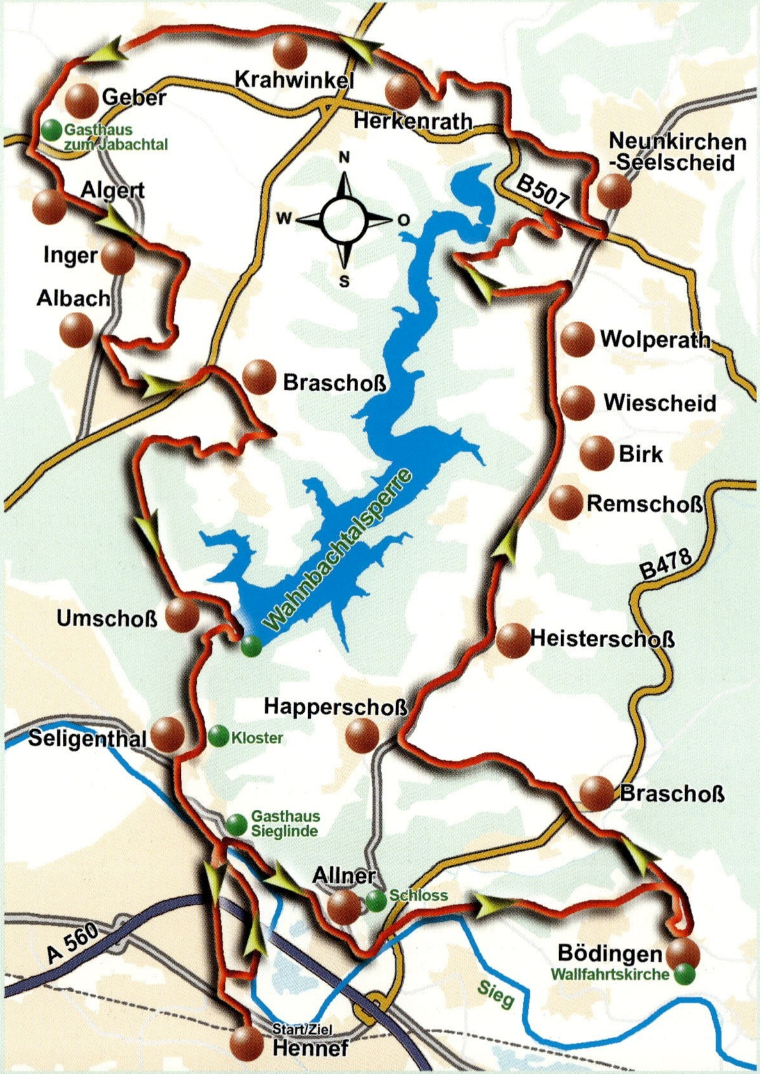
Krahwinkel
Geber
Gasthaus
zum Jabachtal
Herkenrath
Neunkirchen
-Seelscheid
B507
N
W
O
S
Algert
Inger
Albach
Wolperath
Braschoß
Wiescheid
Birk
Remschoß
B478
Wahnbachtalsperre
Umschoß
Heisterschoß
Happerschoß
Seligenthal
Kloster
Braschoß
Gasthaus
Sieglinde
Allner
Schloss
A 560
Bödingen
Wallfahrtskirche
Sieg
Start/Ziel
Hennef

Streckenführung

Legende: LWW = Landwirtschaftlicher Weg; R-/F = Rad-/Fußweg; WW = Waldweg

Start	**Bahnhof Hennef**	**0**
weiter	Bahnhofstr., 40 m folgen	0,04
rechts ab	Bahnhofpassage, 100 m folgen	0,14
links ab	Frankfurter Str., 320 m folgen	0,46
rechts ab	Kaiserstr., 230 m folgen	0,69
rechts ab	Deichstr., 240 m folgen	0,93
links ab	Siegallee, 430 m folgen	1,36
weiter	Radweg, 680 m folgen	2,04
rechts ab	Radweg, 240 m folgen	2,28
	Brücke/Gaststätte „Sieglinde"	**2,28**
weiter	Treppe, 40 m begehen	2,32
rechts ab	L 316, 1,3 km folgen	3,62
	Allner	**3,62**
weiter	L 316, 260 m folgen	3,88
rechts ab	Schloßstr., 600 m folgen	4,48
	Kreuzung B 478	
weiter	Lauthausener Str., 450 m folgen	4,93
halb links	Bödinger Str., 1,3 km folgen	6,23
	Bödingen	**6,23**
weiter	„Dicke Hecke", 970 m folgen	7,02
rechts ab	An der Klostermauer, 430 m folgen	7,45

rechts ab	An der Klostermauer, 110 m folgen	7,56
	Kirche „Zur Schmerzhaften Mutter"	**7,56**
links ab	Oberaueler Str., 120 m folgen	7,68
links ab	An der Klostermauer, 570 m folgen	8,25
	Kreuzung halb rechts queren	**8,25**
weiter	Bröler Weg, 550 m folgen	8,80
links ab	Bröler Weg, 160 m folgen	8,96
	Bröl/Brücke über die Bröl	**8,96**
weiter	„Am Steg", 250 m folgen	9,21
links ab	Dorfplatz (durch R-Kurve), 150 m folgen	9,36
	Kreuzung B 476	**9,36**
weiter	Happerschoßer Str., 1,9 km folgen	11,26
	Happerschoß	**11,26**
rechts ab	L352, 1,4 km folgen	12,66
	Heisterschoß	**12,66**
weiter	L 352, 1,5 km folgen	14,16
	Remschoß	**14,16**
weiter	L 352, 700 m folgen	14,86
	Wiescheid	**14,86**
weiter	L352, 830 m folgen	15,69
	Wolperath	**15,69**

weiter	L 352, 430 m folgen	16,12
links ab	Krokusweg, 1,3 km folgen	17,42
rechts ab	LWW, 890 m folgen	18,31
	Einmündung links liegen lassen	**18,31**
rechts ab	LWW, 690 m folgen	19,00
rechts ab	B 507, 510 m folgen	19,51
	Neunkirchen-Seelscheid, Kreisvk.	**19,51**
links ab	Hauptstr., 70 m folgen	19,58
links ab	Talsperrenstr., 260 m folgen	19,84
rechts ab	„Haldengarten", 300 m folgen	20,14
rechts ab	Schmiedestr., 50 m folgen	20,19
links ab	Rotdornweg, 180 m folgen	20,37
links ab	Raiffeisenstr., 940 m folgen	21,31
rechts ab	B 507, 90 m folgen	21,40
rechts ab	Wahnbachtalstr., 410 m folgen	21,81
links ab	LWW, 910 m folgen	22,72
rechts ab	Mühlenfeld, 240 m folgen	22,96
	Herkenrath	**22,96**
weiter	Herkenrather Str., 680 m folgen	23,64
	Krahwinkel/Kreuzung B 56	**23,64**
weiter	Krahwinkeler Str., 1,4 km folgen	25,04

weiter	Breidter Str., 360 m folgen	25,40
	Breidt	**25,40**
weiter	Breidter Str., 980 m folgen	26,38
links ab	„Gebermühle" bei Geber, 720 m folgen	27,10
	Gasthaus „Zum Jabachtal"	**27,10**
weiter	„Gebermühle", 120 m folgen	27,22
	Kreuzung B 507 queren	**27,22**
weiter	kleine Str., 670 m folgen	27,89
	Algert	**27,89**
links ab	kleine Str., 950 m folgen	28,84
	Birk	**28,84**
weiter	Hohle Gasse/Birker Str., 390 m folgen	29,23
rechts ab	„Zum Hasenberg", 620 m folgen	29,85
links ab	kleine Str., 290 m folgen	30,14
rechts ab	kleine Str., 810 m folgen	30,95
	Heide	**30,95**
links ab	Franzhäuschenstr., 80 m folgen	31,03
links ab	Forstweg, 220 m folgen	31,25
links ab	Sterntalerweg, 200 m folgen	31,45
links ab	Kapellenstr., 540 m folgen	31,99
links ab	B 56, 350 m folgen	32,34

	Braschoß	**32,34**
rechts ab	Braschoßer Str., 920 m folgen	33,26
rechts ab	Bitzerweg, 350 m folgen	33,61
rechts ab	kleine Str., 2,2 km folgen	35,81
	Umschoß	**35,81**
links ab	Talsperrenstr., 670 m folgen	36,48
	Wahnbachtalsperre	**36,48**
rechts ab	Talsperrenstr., 170 m folgen	36,65
links ab	Seligenthaler Str., 740 m folgen	37,39
	Kloster Seligenthal	**37,39**
weiter	Seligenthaler Str., 680 m folgen	38,07
links ab	Hauptstr., 310 m folgen	38,38
weiter	Radweg an der Sieg, 570 m folgen	38,95
	Gaststätte „Sieglinde"	**38,95**
rechts ab	Radweg [über Brücke], 370 m folgen	39,32
	Hennef	**39,32**
links ab	Siegstr., 380 m folgen	39,70
weiter	[Kreisverkehr] Kaiserstr., 730 m folgen	40,43
links ab	Frankfurter Str., 310 m folgen	40,74
rechts ab	Bahnhofpassage, 100 m folgen	40,84
Ziel	**Bahnhof Hennef**	**40,84**

Streckencharakter

Schwierigkeitsgrad: mittelschwer
Die Tour weist einige kräftige Anstiege auf und führt über Land- und Bundesstraßen, die teilweise keine Radwege haben. Auf den Landstraßen ist das nicht weiter schlimm, auf den Bundesstraßen ist das problematischer, wenn auch die Abschnitte ohne Radwege hier einen geringen Anteil haben.
Ansonsten fährt man auf ausgebauten Radwegen, landwirtschaftlichen Wegen und Wald- bzw. Wanderwegen, die bis auf winzige geschotterte Abschnitte sehr gut befahrbar sind. Bedingt familientauglich, für Rennräder geeignet.

Streckenprofil

Tourlänge:	41 km
Min. Höhe:	ca. 62 m
Max. Höhe:	ca. 214 m
Ges. Aufstieg:	ca. 790 m
Ges. Abstieg:	ca. 790 m
Fahrzeit:	ca. 170 Min.

Höhenprofil

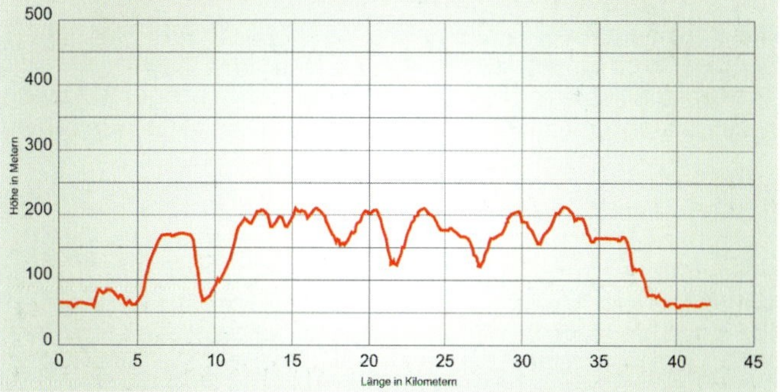

Serviceteil Tour 11

Schön entspannen kann man im Biergarten des Gasthauses Sieglinde; auch im Innenhof der Bödinger Wallfahrtskirche schmeckt ein Butterbrot nach langem Aufstieg gut

Tipp – Essen und Trinken

Hennef - Weingartsgasse

Gasthaus Sieglinde; Brückenweg 2, Tel.: 02242-14 59, E-Mail: info@sieglinde-hennef.de, www.sieglinde-hennef.de
Der Biergarten des sehr beliebten Ausfluglokals ist direkt an der Sieg gelegen; wir tranken dort an einem lauen Frühjahrsabend unter den großen alten Kastanien ein außerordentlich erfrischendes Weizenbier und wurden zusätzlich nach den Anstrengungen der Tour mit dem wunderbaren Blick auf den im späten Sonnenlicht glitzernden Fluss belohnt.

Lohmar

Gasthaus zum Jabachtal; Gebermühle 3 [s. Wegbeschreibung], Tel.: 02246-188 53, Fax: 02246-30 00 23, www.gebermuehle.de
Auf der Abfahrt von Breidt fuhren wir praktisch in die Außenterrasse des Lokals hinein – wir konnten nicht anders, wir mussten anhalten und unseren Nachmittagskaffee nehmen. Die Terrasse liegt – von Hecken umgeben – direkt an der Straße und das gab uns Gelegenheit, eine Menge Rennrad fahrende Kollegen zu beobachten, die in schneller Fahrt den Berg hinunterdonnerten und in entgegengesetzter Richtung ihre Schaltungen umwarfen, um den in der Kurve beginnenden Anstieg anzugehen.

Sehenswürdigkeiten

Allner

Schloss Allner

Heute in Privatbesitz und nur von außen zu besichtigen.

Bödingen

Bödinger Wallfahrtskirche „Zur Schmerzhaften Mutter Gottes"

Die Kirche wurde 1408 eingeweiht. Der Pilgerstrom nach Bödingen verhalf dem 1424 gegründeten Kloster Bödingen zu einem erheblichen Wachstum. Noch heute kann man die Bedeutung als Wallfahrtsort an den sternförmig auf die Kirche zulaufenden Stationswegen in der Landschaft ablesen.

Wallfahrten finden auch heute noch statt, allerdings sind die Pilgerscharen erheblich kleiner geworden.

Das dortige **Gnadenbild** wurde 1350 in einer Kölner Werkstatt geschnitzt und koloriert.

Hennef

Hennefer KulTouren [s. Tour 10]

Wahnbachtalsperre [s. Wegbeschreibung]

Die Talsperre, die 1958 in Betrieb genommen wurde, dient allein der Trinkwasserversorgung und gehört zu den modernsten Trinkwasseraufbereitungsanlagen der Welt. Mit nur geringem Zusatz von chemischen Mitteln gelingt es dem Wahnbachtalsperrenverband, mehr als 780.000 Einwohner in der Stadt Bonn, im Rhein-Sieg-Kreis und im Landkreis Ahrweiler mit frischem Trinkwaser zu versorgt.

Die Talsperre und ihr 53 Meter hoher Staudamm sind nicht für Freizeitbetätigungen zugelassen.

Seligenthal

Kloster Seligenthal

Seligenthal ist das älteste Franziskanerkloster nördlich der Alpen. Im Jahre 1231 von Graf Heinrich von Sayn und seiner Frau Mechtild von Landsberg als Einsiedelei gegründet, wurde die Klosterkirche im Jahr 1255 geweiht. Kirche und Kloster brannten 1647 ab. 1654 gründete der Minoritenorden dort eine kleine Niederlassung und errichtete eine Schule. 1709 wurde die St. Rochus-Kapelle gebaut. Sie wurde als Dank für die Abwendung der ansteckenden Krankheit Rote Ruhr dem heiligen Rochus geweiht. Auch heute noch wird am Rochustag, dem 16. August, nach Seligenthal gewallfahrtet.

Am 12. September 1803 erfolgte die Auflösung des Minoritenklosters im Zuge der Säkularisation.

Nach 30-jähriger Unterbrechung fand ab 1834 in Seligenthal wieder regelmäßiger Schulunterricht statt. Die ehemalige Klosterkirche wurde 1834 Pfarrkirche. Ab 1878 wurden die Schüler aus Seligenthal dann im Nachbarort Kaldauen unterrichtet.

Das Kloster Seligenthal

Fahrradservice

Happerschoß

Zweiradpool Schrader [s. Tour 10]

Hennef

Fahrrad- und Nähmaschinenhaus [s. Tour 10]
GS Bikes [s. Tour 10]

Neunkirchen-Seelscheid

Zweirad-Shop Ulrich, Poststr. 6, Tel.: 02247-75 94 12

Landschaft zum Träumen: Im Mündungsdelta der Sieg

Hinreißende Auen und eine Überfahrt für 75 Cent

Das Wort „Kaffeetour" klingt fad, aber diese „Kaffeetour" ist wirklich anregend, denn es gibt nicht nur leckeren Kaffee und Kuchen, sondern jede Menge Natur- und Kulturgenuss. Unser Startpunkt ist der **Bahnhof Blankenberg,** der Weg führt uns ausschließlich entlang des Siegtalradweges zu unserem Ziel, dem Ort Mondorf, wo die Sieg in den Rhein mündet. Aber halt, wer den Ausflug in die hoch über dem Siegtal gelegene **Stadt Blankenberg**, wie in der Tour 9 beschrieben, noch nicht gemacht hat, der hat jetzt die beste Gelegenheit dazu. Am Anfang der Tour ist man noch ausgeruht genug, den steilen Anstieg hinauf in die mittelalterliche Stadt entweder mit dem Rad oder zu Fuß zu wagen, ohne dabei gleich um die Kondition für den Rest der Tour bangen zu müssen und ein gutes Frühstück in einem der zahlreich vorhandenen Cafés mit einem traumhaften Ausblick auf das Siegtal ist ja auch nicht zu verachten.
Zurück auf dem Drahtesel geht es an die Sieg. Vor uns liegt der gut ausgebaute Radweg, dem wir teilweise entlang der Eisenbahntrasse folgen. Zur Rechten sehen wir über den Fluss hinweg den Campingplatz des Ortes **Lauthausen** liegen und bei schönem Sommerwetter ist das Baden an dieser Stelle für viele ein großes Vergnügen. Das kann

Idyllisch: der Yachthafen Niederkassel-Mondorf

man übrigens nicht überall am Fluss, denn die Sieg und ihre Auen sind unter strengen Naturschutz gestellt und das Baden und Kanufahren sind nur an eigens ausgewiesenen „gewässernahen Erholungsgebieten" erlaubt. Auf unserem Weg am Fluss entlang umfahren wir den Ort **Weldergoven**, sehen auf der anderen Flussseite das **Schloss Allner** liegen und sind kurz darauf in **Hennef**. Wir bleiben immer an der Sieg, folgen ihrem weiten Bogen, der den **Allner See** umfließt und fahren die großzügige **Siegallee** am Rande der quirligen Stadt, die eine Menge Kultur, ausgezeichnete Einkehr- und Einkaufsmöglichkeiten bietet, entlang. Ganz am Ende des Flussbogens und noch ein Stückchen weiter, sehen wir dann rechts eine kleine Brücke liegen, die über den Fluss zu der beliebtesten Ausflugsgaststätte in diesem Abschnitt führt: dem **Gasthaus Sieglinde** im Ort **Weingartsgasse**. Auch, wenn Sie in Blankenberg gut gefrühstückt haben, sollten Sie sich hier eine kleine Rast gönnen, denn unter den großen schattenspendenden Bäumen im Biergarten des Restaurants hat man einen wunderbaren Blick auf den Fluss, der breiter und gemächlicher werdend die Auenlandschaft durchfließt. Von hier aus geht es wieder auf den gut ausgebauten Siegtalradweg der leicht erhöht durch das immer flacher werdende Land führt. Wir sehen zur Linken Mohnfelder, einzelne Gehöfte, Ansiedlungen, und der Wind weht uns sanft ins Gesicht – kurz: Die Welt scheint hier noch in Ordnung zu sein. Schließlich gelangen wir nach **Sankt Augustin-Buisdorf** und sehen rechts von uns das **Buisdorfer Wehr**, an dessen Fischaufstiegsanlage die **Fang- und Kontrollstation** des Rheinischen Fischereiverbandes errichtet wurde, wo jährlich rund 100 bis 200 Lachse und tausende Exemplare anderer Fischsorten gefangen, registriert und wieder freigelassen werden. An einer der im Herbst sattfindenden Führungen teilzunehmen, lohnt sich gewiss.

Rund einen Kilometer weiter trübt sich unser Fahrvergnügen ein wenig, denn wir nähern uns drei Autobahnkreuzen und fahren dabei dicht neben der **A 560** entlang. Doch obwohl der Verkehr gleich in unserer Nähe dahindonnert, stört er uns nicht weiter, denn erstens ist der Radweg durch Bäume und Schallschutzmauern vor dem Lärm geschützt und zweitens liegt direkt neben uns der Fluss, über den hinweg wir nun – wir befinden uns zwischen **St. Augustin** und **Siegburg** – die **Abtei Michaelsberg** hoch oben auf dem Berg entdecken. Zu der Keramikstadt Siegburg sei an dieser Stelle angemerkt: Wer mit dem Rad hineinfährt, sollte sich darauf gefasst machen, in einen pulsierenden Ort zu gelangen. Zu Siegburgs Sehenswürdigkeiten gehört die Abtei Michaelsberg mit ihrem Annoschrein, genauso wie das Stadtmuseum mit dem Geburtshaus Engelbert Humperdincks. Nicht ganz so steil bergauf geht es zum Marktplatz im Zentrum, an dem eine Nachbildung des Schandpfahls, der sogenannte „Käx" steht, wo man früher für ungehöriges Lärmen oder Wäschewaschen am Sonntag angeprangert wurde. Neben den sakralen Gebäuden ist hier zur Weihnachtszeit der Mittelaltermarkt überregional bekannt.

„Fährmann hol über!" – die Bergheimer Siegfähre „St. Adelheid"

Nach rund fünf Kilometern trennen wir uns endlich von der Autobahn und gelangen über eine Eisenbahnbrücke an den Ortsrand von **Troisdorf** und sind nun mitten im **Naturschutzgebiet Siegmündung**. Den **Sieglarer See** passierend tauchen wir ein in die mit Altarmen durchzogene und mit Auwald bestandene Landschaft und erreichen in **Bergheim** das 2010 neu eröffnete **Fischereimuseum Troisdorf-Bergheim**, in dem wir alles über den Fluss, die ihn umgebende Landschaft und die Menschen, die hier von und mit dem Fluss leben, erfahren. Das große Finale erleben wir am **Jachthafen** in **Niederkassel Mondorf.** Er liegt an einem Altarm der Sieg, unweit der **Siegmündung**, wo schon vor über 2000 Jahren die römische Flotte stationiert war. Heute ist der Hafen ein beliebtes Ausflugsziel und entsprechend sind die umliegenden Lokale äußerst verlockend.

Nun gibt es mehrere Möglichkeiten zur Weiter- oder Heimfahrt: Entweder man begibt sich auf die **Rheinfähre Mondorf-Graurheindorf** und fährt auf der anderen Seite des großen Flusses nach **Bonn** hinein, um dort mit der Bahn den Weg nach Hause anzutreten oder man fährt ein Stück zurück und dann den in der Fahrtabelle beschriebenen Weg auf der anderen Siegseite entlang bis nach **Troisdorf**. Letzteres birgt den Vorteil, dass man die zwischen April und Oktober fahrende Bergheimer Siegfähre benutzen kann, ein wohl einzigartiges Erlebnis, das nur 75 Cent kostet. Die Drahtseilfähre ist nicht nur die einzige in Deutschland und sie hat nicht nur eine 1000-jährige Tradition, sondern sie ist auch noch ein Abenteuer der besonderen Art: Wo wird schon eine Fähre mithilfe eines Drahtseils, das über den Fluss gespannt ist, von Ufer zu Ufer bewegt? Also: „Fährmann hol über!"

Alles über Fluss, Land und Leute: das Fischereimuseum Troisdorf-Bergheim

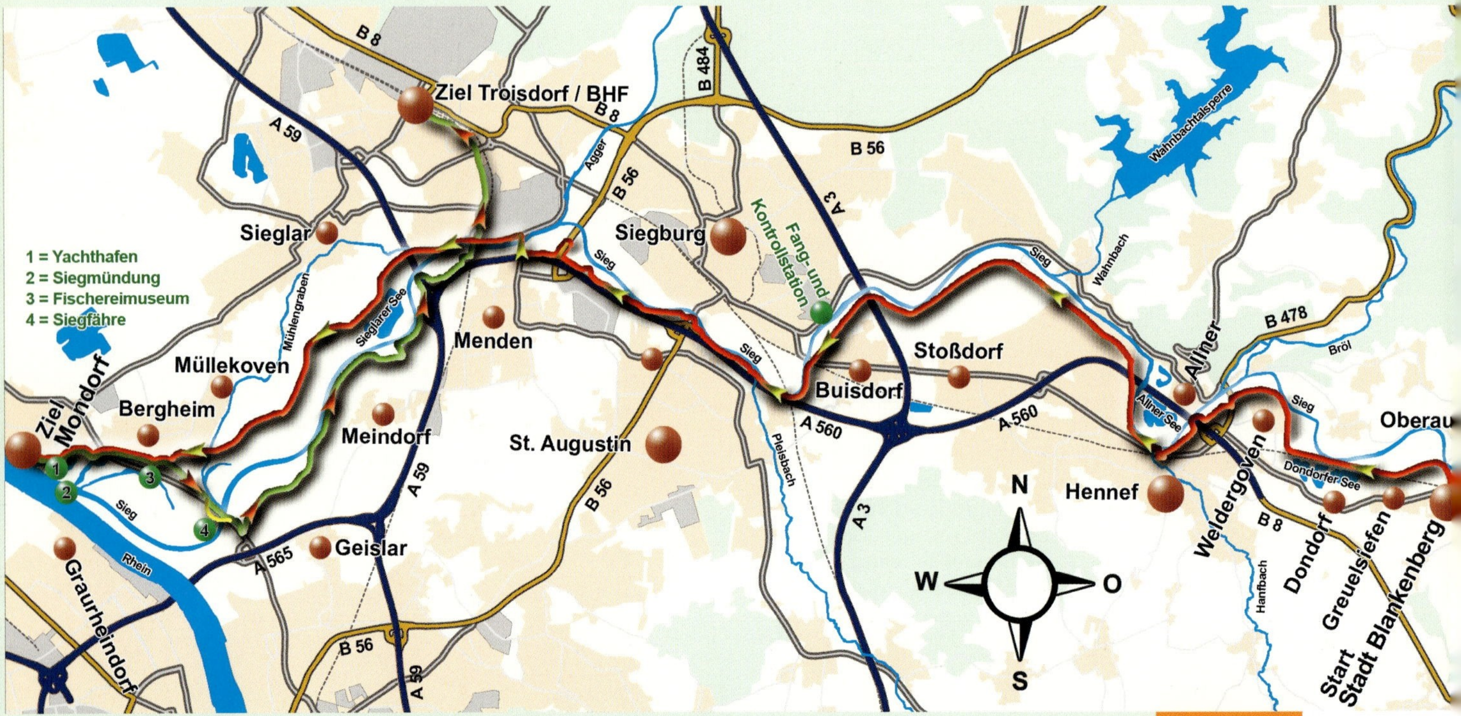
Ziel Troisdorf / BHF
B 8
A 59
B 484
Agger
B 56
B 56
A 3
Wahnbachtalsperre
Sieglar
Siegburg
Fang- und Kontrollstation
1 = Yachthafen
2 = Siegmündung
3 = Fischereimuseum
4 = Siegfähre
Mühlengraben
Sieglarer See
Sieg
Sieg
Sieg
Wahnbach
B 478
Bröl
Menden
Müllekoven
Stoßdorf
Allner
Ziel Mondorf
Bergheim
Buisdorf
A 560
A 560
Allner See
Oberau
Meindorf
St. Augustin
Sieg
Hennef
Weldergoven
Dondorfer See
Geislar
A 59
B 56
A 3
B 8
A 565
Rhein
Graurheindorf
N
W
O
S
Hanfbach
Dondorf
Greuelsiefen
Start Stadt Blankenberg
B 56
A 59
Pleisbach

Radweg
Sieg

Streckenführung

Start	**S-Bahnhof Stadt Blankenberg**	**0**
Nord	Haus Attenbach / K 36, 340 m folgen	0,34
links ab	Weg, 680 m folgen	1,02
	Dondorf	**1,02**
rechts ab	Bahndamm, 1,5 km folgen	2,52
rechts ab	Weg, 500 m folgen	3,02
	Weldergoven	**3,02**
weiter	Weg, 1,0 km folgen	4,02
rechts ab	Weg, 80 m folgen	4,10
	Unterquerung B478	**4,10**
weiter	Weg, 720 m folgen	4,82
	Hennef / Unterquerung A 560	**4,82**
weiter	Weg, 1,2 km folgen	6,02
weiter	Siegpromenade, 140 m folgen	6,16
weiter	Siegallee, 640 m folgen	6,80
	Unterquerung A 560	**6,80**
weiter	Siegallee, 700 m folgen	7,50
	Sieglinde / Weingartsgasse	**7,50**
weiter	Siegallee, 800 m folgen	8,30

weiter	Radweg an der Sieg, 1,3 km folgen	9,60
	Stoßdorf	**9,60**
weiter	Radweg an der Sieg, 1,7 km folgen	11,30
	Buisdorf / Unterquerung A 3	**11,30**
weiter	Radweg an der Sieg, 610 m folgen	11,91
	Fang- und Kontrollstation	**11,91**
weiter	Radweg an der Sieg, 600 m folgen	12,51
	Unterquerung B 8	**12,51**
weiter	Radweg an der Sieg, 660 m folgen	13,17
	St. Augustin	**13,17**
weiter	Radweg neben A 560, 1,8 km folgen	14,97
	Unterquerung B 484	**14,97**
weiter	Radweg neben A 560, 1,1 km folgen	16,07
	Menden	**16,07**
weiter	Radweg neben A 560, 1,3 km folgen	17,37
	Unterquerung B 56	**17,37**
weiter	Radweg neben A 560, 800 m folgen	18,17
rechts ab	Brücke, 300 m folgen	18,47
	Troisdorf	**18,47**

rechts ab	K 29, 80 m folgen	18,55
rechts ab	**Unterquerung Eisenbahnbrücke**	**18,55**
weiter	Weg, 1,7 km folgen	20,25
	Unterquerung A 59	**20,25**
weiter	Weg, 450 m folgen	20,70
	Sieglarer See	**20,70**
weiter	Weg, 2,4 km folgen	23,10
rechts ab	Siegdeich, 1,3 km folgen	24,40
	Bergheim	**24,40**
weiter	Auf dem Kirvelberg, 80 m folgen	24,48
links ab	Rheindorfer Str., 60 m folgen	24,54
rechts ab	Weg, 500 m folgen	25,04
rechts ab	Zur Siegfähre, 120 m folgen	25,16
links ab	Bergstr., 220 m folgen	25,38
weiter	Glockenstr., 180 m folgen	25,56
weiter	Nachtigallenweg, 640 m folgen	26,20
	Fischereimuseum	**26,20**
rechts ab	Straße, 310 m folgen	26,51
	Mondorf / Jachthafen	**26,51**
links ab	Hafenstr., 500 m folgen	27,01
weiter	Rheinallee, 200 m folgen	27,21

Ziel	**Mondorfer Fähre / Weiterfahrt nach Bonn**	
oder	**Weiterfahrt auf dem Siegtalradweg**	
umkehren	Rheinallee, 200 m folgen	27,41
weiter	Hafenstr., 500 m folgen	27,91
	Jachthafen	**27,91**
rechts ab	Straße, 310 m folgen	28,22
	Fischereimuseum	**28,22**
links ab	Nachtigallenweg, 640 m folgen	28,86
weiter	Glockenstr., 180 m folgen	29,04
weiter	Bergstr., 220 m folgen	29,26
rechts ab	Zur Siegfähre, 800 m folgen	30,06
	Apr. bis Okt. Weiterfahrt über Siegfähre	
rechts ab	Weg, 60 m folgen	30,12
links ab	über Auffahrt, L 269, 350 m folgen	30,47
links ab	über Abfahrt, Weg, 330 m folgen	30,80
links ab	Weg, 1,6 km folgen	32,40
rechts ab	Radweg an der Sieg, 2,0 km folgen	34,40
links ab	Radweg an der Sieg, 200 m folgen	34,60
rechts ab	Radweg an der Sieg, 1,1 km folgen	35,70
	Unterquerung A 59	**35,70**
rechts ab	Radweg an der Sieg, 880 m folgen	36,58

	Unterquerung Eisenbahnbrücke	**36,58**
rechts ab	Eisenbahnbrücke, 250 m folgen	36,83
rechts ab	Radweg an K 29, 90 m folgen	36,92
	Troisdorf	**36,92**
	Unterquerung K29	**36,92**
	Ende Siegtalradweg	**36,92**
weiter	Rampe, 240 m folgen	37,16
weiter	Radweg an K 29, 370 m folgen	37,53
	Bahnhof Friedrich-Wilhelms-Hütte	**37,53**
weiter	Radweg an K 29, 1,6 km folgen	39,13
Ziel	**Bahnhof Troisdorf**	**39,13**

Streckencharakter

Schwierigkeitsgrad: leicht
Die Strecke führt bis auf den rund 2,5 Kilometer langen Weg zum Zielpunkt Bahnhof Troisdorf komplett über den Siegtalradweg. Es gibt keine nennenswerten Steigungen; einzig der etwa fünf Kilometer lange Abschnitt entlang der Autobahn A 560 nimmt der Tour ein wenig von ihrer Schönheit.
Eingeschränkt rennradgeeignet.

Streckenprofil

Tourlänge:	39 km
Min. Höhe:	ca. 44 m
Max. Höhe:	ca. 80 m
Ges. Aufstieg:	ca. 207 m
Ges. Abstieg:	ca. 228 m
Fahrzeit:	ca. 140 Min.

Höhenprofil

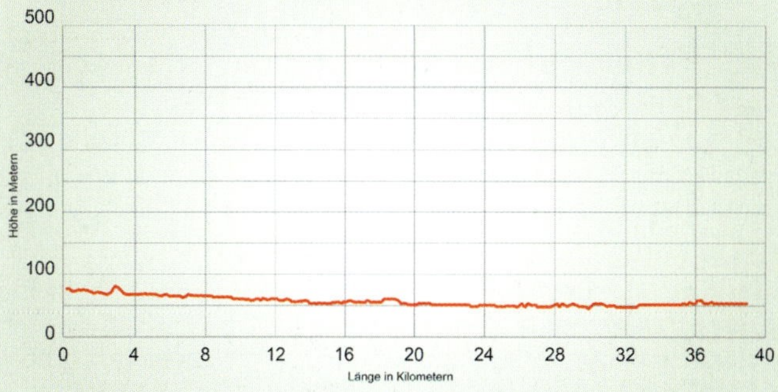

Serviceteil Tour 12

Gaststätte „Zur Siegfähre" und die Abtei Michaelsberg

Tipp – Essen und Trinken

Stadt Blankenberg

Haus Sonnenschein, Mechtildisstr. 16, 53773 Hennef - Stadt Blankenberg, Tel.: 02248 - 92 00, E-Mail: info@Hotel-Haus-Sonnenschein.de
Früh am Morgen, vor der eigentlichen Tour bedienten wir uns im schönen Hotel-Restaurant mitten in Blankenberg am reichhaltigen Frühstücksbuffet und begannen von hier aus unsere Fahrt zur Siegmündumg.

Troisdorf-Bergheim

Gaststätte „Zur Siegfähre"; [s. Wegbeschreibung], www.siegfaehre.de
Öffnungszeiten: Apr. bis Okt. täglich von 10.00 bis 23.00 Uhr, sonntags ab 09.30 Uhr
Zum Ende der Tour genehmigten wir uns hier im lebendigen Touristentrubel ein leckeres Rumpsteak und beobachteten das zur Abendstunde immer noch rege Treiben an der Siegfähre.

Sehenswürdigkeiten

Niederkassel-Mondorf

Jachthafen [s. Wegbeschreibung]
Der Jachthafen liegt idyllisch in einem Altarm der Sieg am Rhein und ist ein beliebtes Ausflugsziel. Die Anlage zählt heute zu den schönsten und modernsten Binnenhäfen am Rhein.

Siegburg

Benediktinerabtei Michaelsberg; Bergstr. 16, Tel.: 02241-12 90
Öffnungszeiten Turm, Mo. bis Sa. 8.30 bis 12.00 Uhr und 14.30 bis 16.30 Uhr (außer Do. Nachmittag), So. 12.30 bis 14.45 Uhr und 15.30 bis 16.30 Uhr
Eintritt: Erwachsene 1 €, Kinder 0,5 €
Führung Abteimuseum: So. 13.30 Uhr
Die Abtei auf dem Michaelsberg prägt weiterhin sichtbar das Stadtbild Siegburgs. Das angegliederte Abteimuseum informiert über die Geschichte der Abtei und das Leben des hl. Anno. Außerdem: Buch- und Kunsthandlung – Jungendgästehaus – Restaurant Abteistuben.

Schatzkammer St. Servatius
Mühlenstr. 6 - Kirchplatz, Tel.: 02241-6 68 35;
E-Mail: schatzkammer@servatius-siegburg.de
Öffnungszeiten: Di. bis Fr. 15.00 bis 16.00 Uhr, So. 11.00 bis 12.00 Uhr
Führung nach Vereinbarung
Die Sankt Servatiuskirche – unmittelbar neben dem Siegburger Marktplatz gelegen – wurde als dreischiffige Emporenbasilika im 12./13. Jahrhundert erbaut. Die Schatzkammer der Kirche beherbergt den weltberühmten spätromanisch-gotischen Kirchenschatz.

Stadtmuseum – Geburtshaus Engelbert Humperdincks
Markt 46, Tel.: 02241-5 57 33
Öffnungszeiten: Di. bis Sa. 10.00 bis 17.00 Uhr, So. 10.00 bis 18.00 Uhr
Eintritt: Erwachsene: 2 €, Kinder ab 6 Jahren: 1 €

Sankt Augustin Buisdorf

Fang- und Kontrollstation [s. Wegbeschreibung]
Am Wehr Buisdorf befindet sich am Kopf der Fischaufstiegsanlage eine Kontrollstation des Rheinischen Fischereiverbandes. [s. Wegbeschreibung]. Führungen zur Aufstiegssaison finden in der Regel im Herbst statt.
www.wasserlauf-nrw.de

Sieg/Mündungsgebiet

Die Siegaue wurde im Jahr 1986 unter Naturschutz gestellt und so entstand das „Naturschutzgebiet Siegaue". Das Mündungsgebiet der Sieg ist eine der letzten naturbelassenen Rheinmündungen.

Stadt Blankenberg

Stadt und Burg [s. Tour 10]

Troisdorf-Bergheim

Fischereimuseum Troisdorf-Bergheim [s. Wegbeschreibung]
Nachtigallenweg 39, 53844 Troisdorf
Tel.: 0228-94 589 017
E-Mail: info@fischereimuseum-bergheim-sieg.de
www.fischereimuseum-bergheim-sieg.de
Öffnungszeiten: Sa. 14.00 bis 18.00 Uhr und So. und feiertags 12.00 bis 18.00 Uhr
Das im Jahr 2010 neu eröffnete Museum bietet eine Ausstellung zur Kulturgeschichte der Fischerei an der unteren Sieg, ein Besucherzentrum und Portal zum Naturschutzgebiet Siegaue; es ist Veranstaltungsort rund um die Themen Natur und Kultur und außerschulischer Lernort mit Schülerlabor.

Siegfähre [s. Wegbeschreibung]
Die Siegfähre hat eine über 1000 Jahre alte Tradition und geht auf die Gründung des Vilicher Stifts zurück.

Fahrradservice

Hennef
Fahrrad- und Nähmaschinenhaus [s. Tour 10]
GS Bikes [s. Tour 10]

Sankt Augustin-Menden
Zweirad Feld GmbH, Einsteinstr.35, Tel.: 02241-977 30
Zweiradtreff Pütz, Burgstr. 2, Tel.: 02241-31 51 50

Siegburg-Schreck
Zweiradhaus Peter Thelen GmbH, Zeithstr. 433, Tel.: 02241-38 77 10

Siegburg
bike & run, Luisenstr. 29, Tel.: 02241-250 78 34
Msd-bikes GmbH, Wilhelm-Ostwald-Str. 6, Tel.: 02241-59 02 74
Fahrradladen Stallberg, Kaldauer Str. 31, Tel.: 02241-31 96 60

Troisdorf
Michael Lange, [Spich] Biberweg 2C, Tel.: 02241-91 67 58
Helmut Reimann, Frankfurter Str. 85, Tel.: 02241-761 46
Spezial- Zweirad- Shop, Kölner Str. 138, Tel.: 02241-736 09
Zweirad Ulrich, Pastor-Böhm-Str. 51, Tel.: 02241-426 01

Die wichtigsten Bahnhöfe

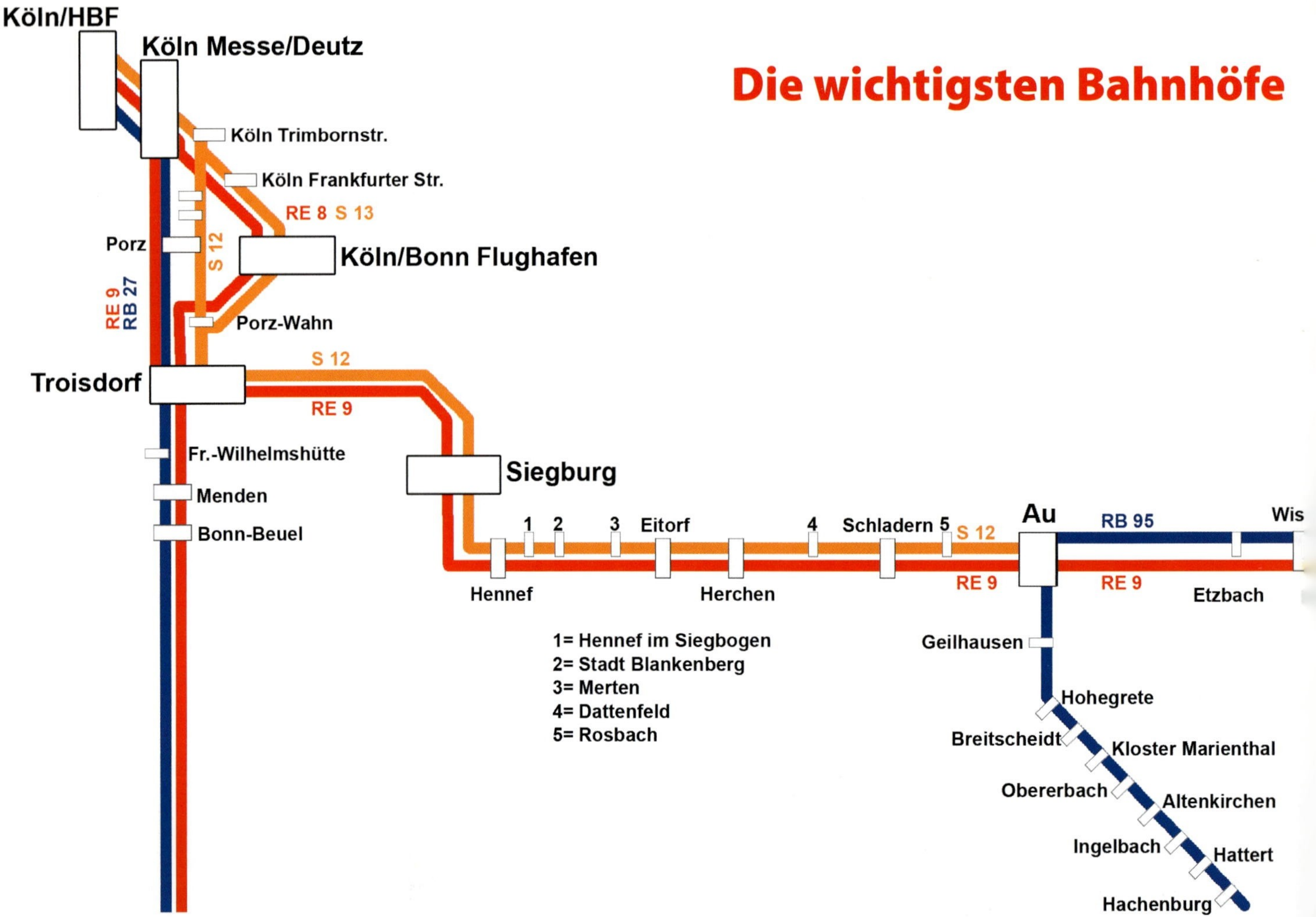

in der Region

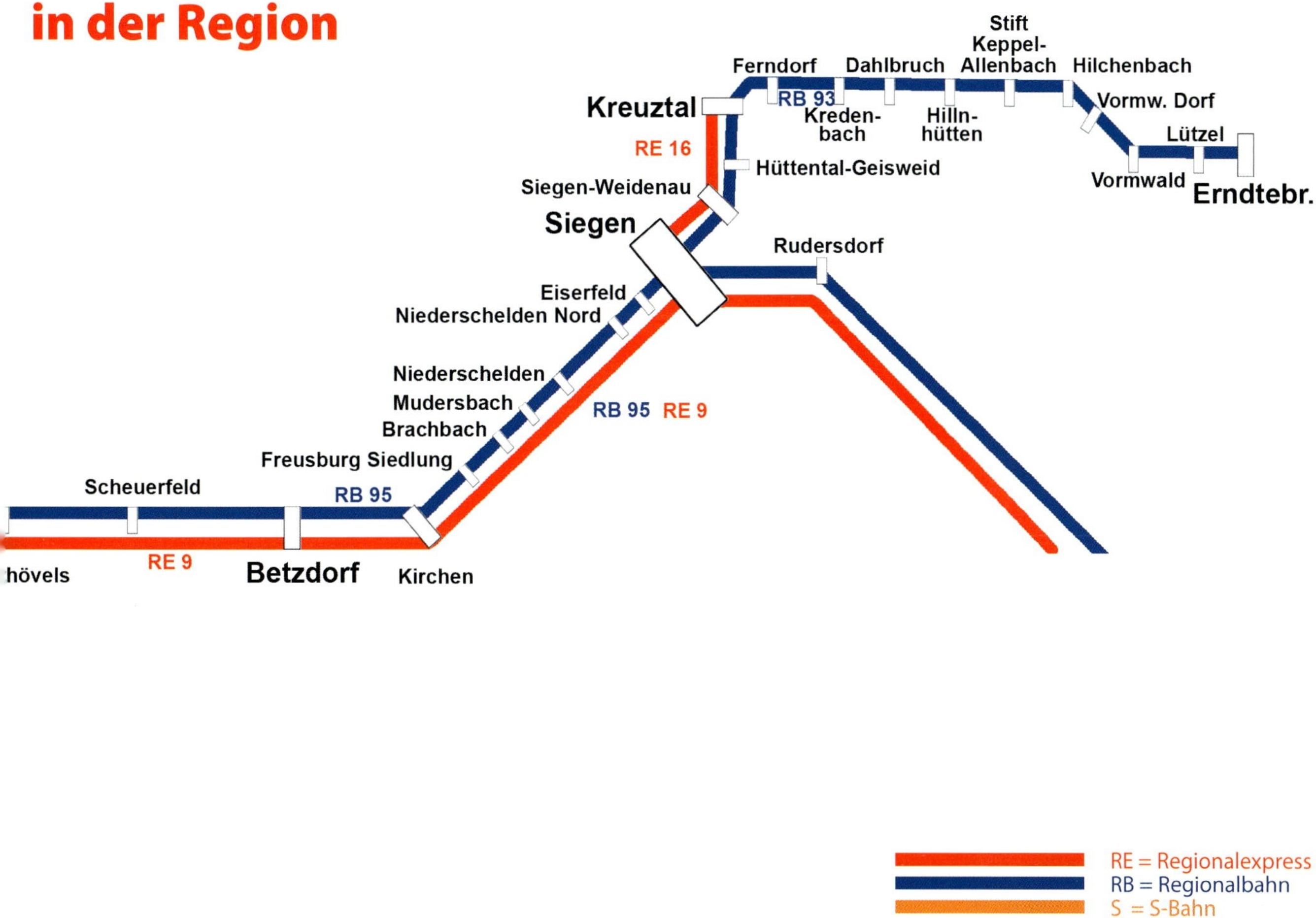

Bett+Bike-Unterkünfte

Altenkirchen-Hemmelzen

Hotel Restaurant Im Heisterholz
Heisterholzstr. 10, Tel.: 02681-37 97, Fax: 02681-45 15
E-Mail: Heisterholz@t-online.de, www.hotel-im-heisterholz.de
Hotel-Restaurant Landhaus Stähler
Wiesenstr. 12, Tel.: 02681-25 25, Fax: 02681-98 38 86
E-Mail: info@landhaus-staehler.de, www.landhaus-staehler.de

Eitorf-Alzenbach

Hotel Schützenhof
Windecker Str. 2, Tel.: 02243-88 70, Fax: 02243-88 73 32
E-Mail: info@hotelschuetzenhof.de, www.hotelschuetzenhof.de

Eitorf-Bach

Campingplatz Happach
Hennefer Str. 8, Tel.: 02243-35 33, Fax: 02243-91 12 03
E-Mail: info@campingplatz-happach.de, www.campingplatz-happach.de

Eitorf-Bourauel

Gästestudio im Äuelchen
Bourauelers Str. 88, Tel.: 02243-39 04
E-Mail: rosi.flerlage@t-online.de

Hamm (Sieg)

Romantik Hotel Alte Vogtei
Lindenallee 3, Tel.: 02682-259, Fax: 02682-89 56
E-Mail: mail@altevogtei.de, www.altevogtei.de

Hennef-Rott

Pension Zum Golden Gate
Dambroicher Str. 55, Tel.: 02242-8 65 94, Fax: 02242-8 65 94
E-Mail: info@pension-goldengate.de, www.pension-goldengate.de

Kirchen-Freusburg

Jugendherberge Freusburg
Burgstr. 46, Tel.: 02741-6 10 94, Fax: 02741-6 31 35
E-Mail: jh-freusburg@djh-wl.de, www.djh-wl.de/freusburg

Mehren

Landhaus Mehren
Auf dem Brouch 1, Tel.: 02686-86 23, Fax: 02686-98 75 89
E-Mail: landhaus-mehren@t-online.de, www.landhaus-mehren.de

Sankt Augustin

Hotel Regina
Markt 81, Tel.: 02241-99 55 60, Fax: 02241-99 55 61 00
E-Mail: mail@hotelregina-sanktaugustin.de
www.hotelregina-sanktaugustin.de

Sankt Augustin-Birrlinghoven

Ferienwohnung Uebel
Theodor-Kurscheid-Str. 10, Tel.: 02241-33 59 31
E-Mail: typohu@t-online.de

Weyerbusch

Hotel Restaurant Sonnenhof
Kölner Str. 33, Tel.: 02686-9 88 00, Fax: 02686-988013
E-Mail: info@sonnenhof-weyerbusch.de, www.sonnenhof-weyerbusch.de

Windeck-Dattenfeld

Hotel Burgcafé, Hauptstr. 82
Tel.: 02292-91 14 30, Fax: 02292-9 11 43 33
E-Mail: kontakt@hotel-burgcafe.de, www.hotel-burgcafe.de
Ferienwohnung Rotdornweg
Rotdornweg 5, Tel.: 02292-47 11, Fax: 02292-29 74,
E-Mail: petra.becker@becker-net.de, www.siegtalferien.de

Windeck-Rosbach

Wald-Jugendherberge Windeck-Rosbach
Herbergsstr. 19, Tel.: 02292-5042, Fax: 02292-65 69
E-Mail: windeck@jugendherberge.de, www.windeck.jugendherberge.de

Fahrradmitnahme bei der Deutschen Bahn AG

Fahrradmitnahme im Nahverkehr

Zitiert aus der Internetpräsenz der Deutschen Bahn AG

Die Nahverkehrszüge der Bahn bringen Sie schnell und sicher an Ihr Ziel. Abfahren können Sie mit **Interregio-Express** (IRE), **Regional-Express** (RE), **Regionalbahn** (RB) und **S-Bahn**.

Viele Nahverkehrszüge sind bereits mit Mehrzweckabteilen für Rad und Radler ausgerüstet. Das Fahrradsymbol in den Einstiegsbereichen weist Ihnen den Weg zu den Abstellplätzen für Ihr Fahrrad. In der Regel befinden sich diese Abteile am Zuganfang oder am Zugende. Auch in den Einstiegsbereichen der Nahverkehrszüge können Fahrräder abgestellt werden. Bitte beachten Sie aber, dass Sie andere Fahrgäste beim Ein- und Aussteigen nicht behindern.

Allerdings richtet sich die Fahrradmitnahme generell nach den zur Verfügung stehenden Kapazitäten. Deshalb sollten Sie vor allem den Berufsverkehr meiden und erst nach der Hauptverkehrszeit zu Ihrer Radtour starten. Auf stark befahrenen Strecken kommen insbesondere an Wochenenden in den Sommermonaten zusätzlich Gepäckwagen und Sonderzüge zum Einsatz. Die Fahrradmitnahme ist in den Verkehrsverbünden unterschiedlich geregelt. So gibt es in einigen Verkehrsverbünden Sperrzeiten für die Fahrradmitnahme, um die im Berufsverkehr gefüllten Züge nicht zusätzlich zu belasten. Außerdem weichen die Preise für die Fahrradmitnahme in Verbünden in der Regel von den Tarifen der Deutschen Bahn ab. In einigen Bundesländern ist die Fahrradmitnahme in Nahverkehrszügen zu bestimmten Zeiten und auf bestimmten Strecken sogar kostenlos möglich. Bitte informieren Sie sich deshalb bereits vor Reiseantritt unter der Radfahrer-Hotline 01805-99 66 33 (14 ct/Min. aus dem Festnetz, Tarif bei Mobilfunk max. 42 ct/Min.).

Näheres erfahren Sie unter: www.bahn.de

Allgemeine touristische Informationen

Für das obere Siegtal (Touren 1, 2 und 4)

Touristikverband Siegerland-Wittgenstein e.V.
Koblenzer Str. 73, 57072 Siegen
Tel.: 0271-333 10 20, Fax: 0271-333 10 29,
E-Mail: tvsw@siegen-wittgenstein.de,
www.siegerland-wittgenstein-tourismus.de

Für den Kreis Altenkirchen (Touren 3 bis 6)

Kreis Altenkirchen, Herrn Paul Hüsch
Parkstr. 1, 57610 Altenkirchen
Tel.: 02681-81 0, Fax: 02681-81 20 00, E-Mail: post@kreis-ak.de,
www.kreis-altenkirchen.de

Für das untere Siegtal (Touren 7 bis 12)

Tourismus & Congress GmbH Region Bonn, Rhein-Sieg, Ahrweiler
Adenauerallee 131, 53113 Bonn
Tel.: 0228-91 04 10, Fax: 0228-910 41 11,
E-Mail: info@bonn-region.de, www.bonn-region.de

Gehen Sie mit uns auf Entdeckungsreise!

Hrsg.: Themendienst
Manfred Theisen mit Fotos von Fritz Schnell
Rhein, Ahr und Sieg
Die schönsten Radtouren verbinden den Vater Rhein mit seinen Töchtern
2. Auflage
ISBN 978-3-7616-2241-4

Angelika Staub
Mit dem Fahrrad kinderleicht rund um Köln
Die 12 schönsten Touren für die ganze Familie
ISBN 978-3-7616-2371-8

Norbert Schmidt
Mit dem Fahrrad rund um Köln
Die schönsten Touren zwischen Porz und Worringen
5. Auflage
ISBN 978-3-7616-2288-9

Im Buchhandel oder unter www.bachem.de/verlag erhältlich.

| J.P. Bachem | Verlag |